AF477401

JOACHIM GROMMEK

OHNE EICHHÖRNCHENGRÜN

WITHOUT SQUIRREL GREEN

JOACHIM GROMMEK
OHNE EICHHÖRNCHENGRÜN

WITHOUT SQUIRREL GREEN

HERAUSGEBER / EDITOR

Oliver Zybok

MIT TEXTEN VON / WITH CONTRIBUTIONS BY

Nina Gülicher
Oliver Zybok

UND EINEM INTERVIEW MIT DEM KÜNSTLER VON /
AND AN INTERVIEW WITH THE ARTIST BY

Susanne Pfleger

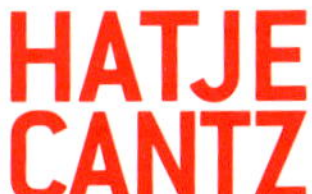

DIESE PUBLIKATION ERSCHEINT ANLÄSSLICH DER AUSSTELLUNGEN /
THIS BOOK IS PUBLISHED IN CONJUNCTION WITH THE EXHIBITIONS

Joachim Grommek – Malerei 3000
STÄDTISCHE GALERIE WOLFSBURG
20. MÄRZ BIS 18. SEPTEMBER 2011
MARCH 20 TO SEPTEMBER 18, 2011

Joachim Grommek – never know
WILHELM-HACK-MUSEUM, LUDWIGSHAFEN
14. JANUAR BIS 9. APRIL 2012
JANUARY 14 TO APRIL 9, 2012

Joachim Grommek – Ohne Eichhörnchengrün
GALERIE DER STADT REMSCHEID
28. JANUAR BIS 19. MÄRZ 2012
JANUARY 28 TO MARCH 19, 2012

Joachim Grommek – ... painting show
HAUS KONSTRUKTIV, ZÜRICH
ANFANG 2013
EARLY 2013

KATALOG / CATALOGUE

HERAUSGEBER / EDITOR: *Oliver Zybok*
KONZEPTION / CONCEPT: *Joachim Grommek, Oliver Zybok*
REDAKTION / EDITING: *Oliver Zybok*
GRAFISCHE GESTALTUNG UND SATZ /
GRAPHIC DESIGN AND TYPESETTING: *Ulrich Pester*
ÜBERSETZUNGEN / TRANSLATIONS: *Michael Scuffil*
LEKTORAT / COPYEDITING: *Uta Hasekamp* (Deutsch / German), *Donna Stonecipher* (Englisch / English)
VERLAGSHERSTELLUNG / PRODUCTION: *Christine Emter*
REPRODUKTIONEN / REPRODUCTIONS: *Ulrich Pester*
DRUCK / PRINTING: *Dr. Cantz'sche Druckerei, Ostfildern*
PAPIER / PAPER: *150 g/m² LuxoArt Samt*
BUCHBINDEREI / BINDING: *Verlagsbuchbinderei Dieringer, Gerlingen*

© 2011 HATJE CANTZ VERLAG, OSTFILDERN UND AUTOREN / AND AUTHORS
© 2011 FÜR DIE ABGEBILDETEN WERKE VON JOACHIM GROMMEK BEIM KÜNSTLER / FOR THE REPRODUCED WORKS BY JOACHIM GROMMEK: THE ARTIST

ERSCHIENEN IM / PUBLISHED BY
HATJE CANTZ VERLAG
ZEPPELINSTRASSE 32
73760 OSTFILDERN
DEUTSCHLAND / GERMANY
TEL. +49 (0)711 4405-200
FAX +49 (0)711 4405-220
WWW.HATJECANTZ.COM

INFORMATIONEN ZU DIESER ODER ZU ANDEREN AUSSTELLUNGEN FINDEN SIE UNTER WWW.KQ-DAILY.DE / YOU CAN FIND INFORMATION ON THIS EXHIBITION AND MANY OTHERS AT WWW.KQ-DAILY.DE

HATJE CANTZ BOOKS ARE AVAILABLE INTERNATIONALLY AT SELECTED BOOKSTORES. FOR MORE INFORMATION ABOUT OUR DISTRIBUTION PARTNERS, PLEASE VISIT OUR WEBSITE AT WWW.HATJECANTZ.COM

ISBN 978-3-7757-3004-4
PRINTED IN GERMANY

UMSCHLAGABBILDUNG VORNE / FRONT COVER ILLUSTRATION:
o. T. / Untitled # 103, 2008
UMSCHLAGABBILDUNG HINTEN / BACK COVER ILLUSTRATION:
o. T. / Untitled, 2011

FOTONACHWEIS / PHOTO CREDITS: *Nick Ash, Berlin:* S. / pp. 42, 43, 44, 66 / 67; *Albrecht Grüß, Berlin:* S. / pp. 19–23, 38, 42, 43, 89–92, 98–101, 103–110; *Uwe Walter, Berlin:* S. / pp. 6, 29–33, 35, 36, 37, 40 / 41, 42, 43, 44, 45–65, 68, 77, 111, 112 / 113, 120, Umschlagrückseite / back cover; *Martina Sauter, Düsseldorf:* S. / pp. 12, 44, 102; *Egbert Haneke, Hamburg:* S. / p. 111; *Manfred Wigger, Hamburg:* S. / pp. 36, 83, 93–97; *Hans-Jürgen Wege, Lüneburg:* S. / pp. 11, 15; *Wolfgang Günzel, Offenbach:* S. / pp. 10, 34, 39; *RECOM ART, Ostfildern:* S. / p. 102, Umschlagvorderseite / front cover

AUSSTELLUNGEN / EXHIBITIONS

GESAMTKONZEPTION UND -KOORDINATION /
OVERALL CONCEPT AND COORDINATION: *Oliver Zybok*

STÄDTISCHE GALERIE WOLFSBURG
SCHLOSS WOLFSBURG, SCHLOSSSTRASSE 8, D-38448 WOLFSBURG
TEL. +49 (0)5361 8285-12, -17
FAX +49 (0)5361 8285-25
STAEDTISCHE.GALERIE@STADT.WOLFSBURG.DE

KONZEPTION / CONCEPT: *Joachim Grommek, Susanne Pfleger*

DIREKTORIN / DIRECTOR: *Susanne Pfleger*
KURATORISCHE ASSISTENZ / CURATORIAL ASSISTANTS: *Sebastian Jaehn, Martin Weise*
SEKRETARIAT / OFFICE: *Anita Engel*
KUNSTVERMITTLUNG, PRESSE / ART MEDIATION, PRESS: *Brigitte Digel*
VERWALTUNG / ADMINISTRATION: *Heike Bussius*

WILHELM-HACK-MUSEUM, LUDWIGSHAFEN
BERLINER STRASSE 23, D-67059 LUDWIGSHAFEN
TEL. +49 (0)621 504-3045, -3411
FAX +49 (0)621 504-3780
HACKMUSEUM@LUDWIGSHAFEN.DE

KONZEPTION / CONCEPT: *Joachim Grommek, Nina Gülicher*

DIREKTOR / DIRECTOR: *Reinhard Spieler*
SAMMLUNGSKURATORIN / COLLECTION CURATOR: *Nina Gülicher*
KUNSTVERMITTLUNG, PRESSE / ART MEDIATION, PRESS: *Theresia Kiefer*
KURATORIN, MARKETING UND SPONSORING / CURATOR, MARKETING AND FUND-RAISING: *Kerstin Skrobanek*
VERWALTUNG / ADMINISTRATION: *Gabriele Herbst*
SEKRETARIAT / OFFICE: *Katja Simeth*
AUSSTELLUNGSTECHNIK / TECHNICAL SUPPORT: *Udo Baur*

GALERIE DER STADT REMSCHEID
SCHARFFSTRASSE 7-9, D-42853 REMSCHEID
TEL. / FAX +49 (0)2191 162798
GALERIE@STR.DE

KONZEPTION / CONCEPT: *Joachim Grommek, Oliver Zybok*

KÜNSTLERISCHER LEITER / ARTISTIC DIRECTOR: *Oliver Zybok*
KURATORISCHE ASSISTENZ / CURATORIAL ASSISTANT: *Tom Horn*
VERWALTUNG / ADMINISTRATION: *Uwe von Lonski*
AUSSTELLUNGSTECHNIK / TECHNICAL SUPPORT: *Thorsten Loers*

HAUS KONSTRUKTIV, ZÜRICH
SELNAUSTRASSE 25, CH-8001 ZÜRICH
TEL. +41 (0)44 2177080
FAX +41 (0)44 2177090
INFO@HAUSKONSTRUKTIV.CH

KONZEPTION / CONCEPT: *Joachim Grommek, Dorothea Strauss*

DIREKTORIN / DIRECTOR: *Dorothea Strauss*
KURATORISCHE ASSISTENZ / ASSISTANT CURATOR: *Evelyne Bucher*
OFFICE MANAGEMENT: *Kerstin Camenisch*
OFFICE MANAGEMENT (ASSISTENZ / ASSISTANT): *Christina Schütz*
FUND-RAISING: *Joy Neri-Preiss*
PRESSE & ÖFFENTLICHKEITSARBEIT / PRESS & PUBLIC RELATIONS: *Esther Quetting*
KUNSTVERMITTLUNG / ART MEDIATION: *Wanda Bonzi*
REGISTRARIN / REGISTRAR: *Katharina Rippstein*
TICKET OFFICE & SHOP MANAGEMENT: *Melanie Fries, Anouk Tobler*
BIBLIOTHEK / LIBRARY: *Barbara Keeris*
AUSSTELLUNGSTECHNIK / TECHNICAL SUPPORT: *Matthias Bosshart, André Bournot, Christina Degele, Pirkko Fleig, André Margraitner*

MIT FREUNDLICHER UNTERSTÜTZUNG VON / KINDLY SUPPORTED BY:

GALERIE
DER
STADT
REMSCHEID

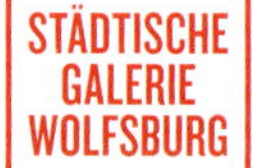

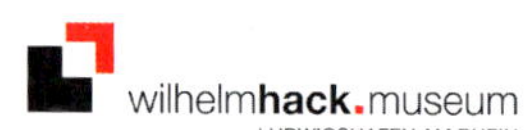

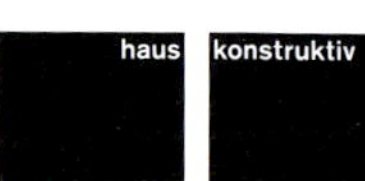

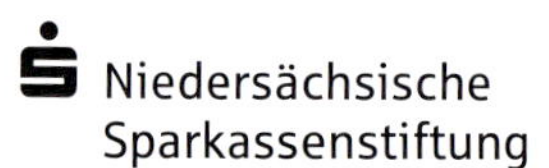

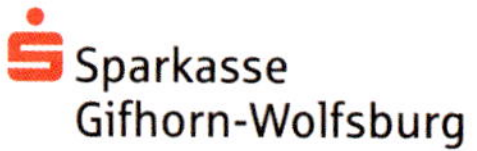

INHALT

CONTENTS

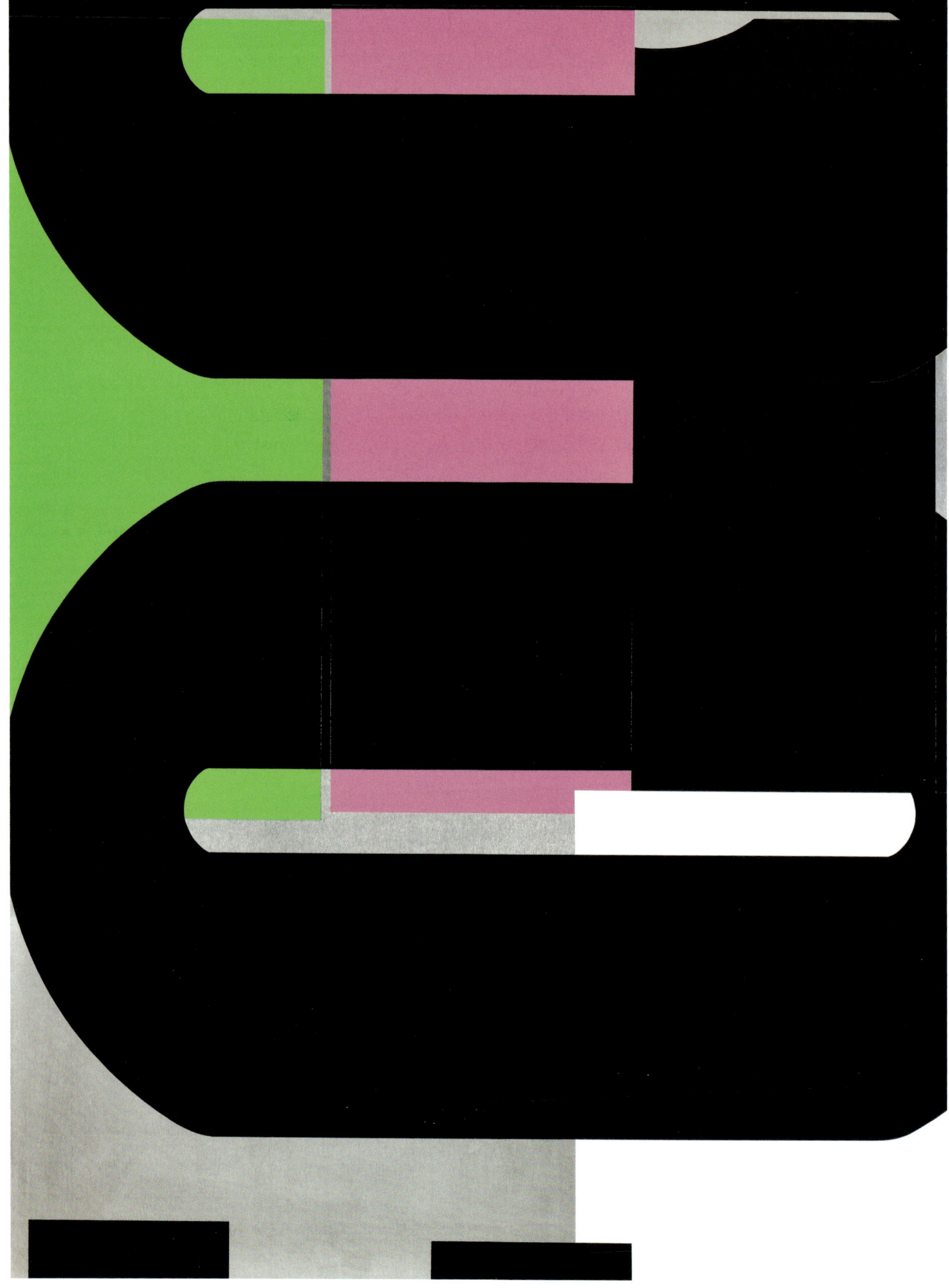

Der in Wolfsburg geborene und heute in Berlin lebende Künstler Joachim Grommek verfolgt seit Beginn seiner Laufbahn eine malerische Strategie, die mit Illusion und Reflexion spielt. Der Betrachter wird an den äußersten Punkt der Sinnestäuschung geleitet, um festzustellen, dass das, was er für einen Gegenstand hält, tatsächlich nur die Darstellung desselben ist. Grommeks Arbeiten befinden sich somit in einer Art Schwebezustand zwischen Bild und Abbild. Sie treffen sowohl Aussagen über das Medium Malerei an sich als auch über den Status von Bildern allgemein als sinnliches Medium der Erkenntnis.

Die Ausstellungen in der Städtischen Galerie Wolfsburg, im Wilhelm-Hack-Museum, Ludwigshafen, in der Galerie der Stadt Remscheid und im Haus Konstruktiv in Zürich zeigen seit dem Jahr 2000 entstandene Werkkomplexe, bei denen der Trompe-l'œil-Effekt im Vordergrund steht. In der Komposition von Flächen und der klaren Farbigkeit wirken Grommeks Bilder sehr minimalistisch. Ihnen haftet etwas Provisorisches an. Bereiche von Spanplatten werden sichtbar, vermeintliche Klebestreifen sind zu erkennen. Der Reiz, diese von der Bildfläche abziehen zu wollen, löst die Erkenntnis aus, dass es sich bei allen Motivelementen um malerische Imitate handelt: bei den Spanplatten-Oberflächen, den »Klebestreifen« und ebenso bei ihren zum Teil vielschichtigen Überlagerungen.

In den einzelnen Präsentationen werden Joachim Grommeks Werke erstmalig in einem größeren institutionellen Rahmen gezeigt. Wir danken an dieser Stelle ganz herzlich dem Künstler für die professionelle Umsetzung des Projekts und seinen unermüdlichen Einsatz. Ein weiterer Dank gilt der Niedersächsischen Sparkassenstiftung, der Sparkasse Gifhorn-Wolfsburg und Pro Arte e. V., Remscheid, ohne deren Engagement die Ausstellungstournee nicht hätte realisiert werden können. Gedankt sei allen Leihgebern für ihre großzügige Unterstützung und den Autoren für ihre detaillierten Beiträge, ebenso den Galerien Vous Etes Ici in Amsterdam, artfinder Galerie | Mathias Güntner in Hamburg und rahncontemporary in Zürich. Für ihre tatkräftige Mitwirkung danken wir abschließend allen beteiligten Mitarbeiterinnen und Mitarbeitern der ausstellenden Institutionen.

Susanne Pfleger
Städtische Galerie Wolfsburg

Reinhard Spieler
Wilhelm-Hack-Museum, Ludwigshafen

Oliver Zybok
Galerie der Stadt Remscheid

Dorothea Strauss
Haus Konstruktiv, Zürich

JOACHIM GROMMEK.
DER GETÄUSCHTE BLICK

Oliver Zybok

Mit Kunstwerken, die dem Auge eine Realität vortäuschen, also eine Illusion erzeugen, wird versucht, eine Angleichung an das Leben zu vermitteln. Oft werden die Schöpfer von Trompe-l'œil-Malerei mit Zauberkünstlern von Jahrmärkten oder Varietés verglichen.[1] Sie setzen auf ein unerwartetes Erlebnis und lösen Erstaunen aus, dessen Grundlage die individuelle Einbildungskraft darstellt. Diese wird ebenso durch Wachsfigurenkabinette aktiviert wie durch die zahlreichen Illusionsmaschinen, von der Camera obscura, dem Diorama oder Panorama bis hin zum Zoetrop, das Bewegungen vortäuscht.[2] Mit ihrer kalkulierten List gelten die Illusionserzeuger aber auch als Nachfahren alter Traditionen der Magie, denn wenn Trompe-l'œils den Betrachter tatsächlich verführen, indem sie eine dreidimensionale Situation oder eine Materialität vortäuschen, leuchten zunächst unerklärliche, scheinbar magische Momente auf.[3]

Im Bewusstsein dieser Tradition erzeugt Joachim Grommek malerische Imitate. Mit seinen Trompe-l'œils veranschaulicht er, dass das kollektive Gedächtnis sich nicht aus gemeinsam erlebter Geschichte, sondern aus der Gleichartigkeit des Gesehenen konstituiert. Dieses wird zwar subjektiv geordnet, gespeichert oder auch verdrängt, enthält aber letztendlich Bilder, die aus der prinzipiell selben Quelle stammen. Für seine abstrakt-geometrische Bildsprache nimmt er unter anderem ornamentale und geometrische Strukturen aus dem Alltag auf, die er dann in seiner für ihn typischen Maltechnik variiert. Auch wenn er keinem realistischen Stil, sondern eher einem geometrisch-abstrakten Formenvokabular verpflichtet ist, steht Grommek in der Tradition einer Variante des Trompe-l'œils, dessen Bilder vollkommen mit der Form des dargestellten Objekts zusammenfallen, dem sogenannten Chantourné (frz. *chantourner:* »mit der Laubsäge aussägen«). Ein solches erzeugt nicht nur eine Illusion, die eine dreidimensionale Beschaffenheit suggeriert, sondern führt zusätzlich den Tastsinn eines jeden Betrachters in Versuchung. Das Chantourné passt sich den Konturen der Außenform des Dargestellten an und unterläuft in dieser Weise den vom Gehirn vorgenommenen Umrissabgleich.[4] Die Plastizität beim klassischen Trompe-l'œil wird durch die Binnenschattierung vorgetäuscht, sodass den Objekten nur die Dreidimensionalität fehlt, um von realen Gegebenheiten nicht unterschieden werden zu können.

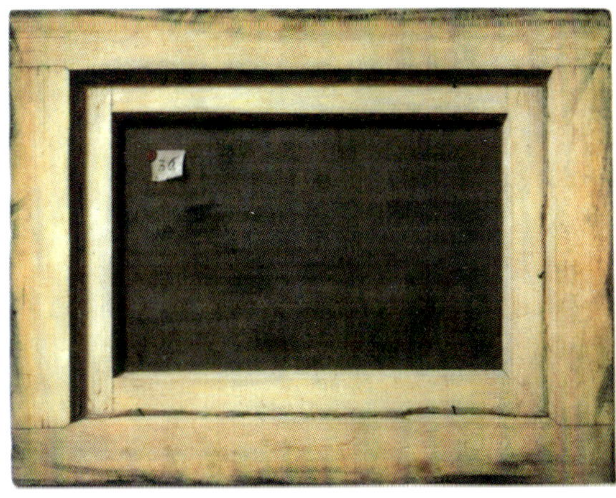

Cornelis Norbertus Gijsbrechts, *Rückseite eines Gemäldes / Reverse of a Painting*, 1670, Statens Museum for Kunst, Kopenhagen / Copenhagen

Einige Arbeiten von Cornelis Norbertus Gijsbrechts (um 1640 – nach 1675) gelten als frühe Resultate der Chantournés und sind auch als Ergebnisse einer Selbstbefragung und Selbstbewusstwerdung hinsichtlich der Möglichkeiten von Malerei zu bewerten.[5] Seine *Rückseite eines Gemäldes* (1670, Statens Museum for Kunst, Kopenhagen) ist nicht für die Darbietung auf einer Wand gedacht, sondern sollte an derselben angelehnt auf dem Boden stehen.[6] Durch diese scheinbar beiläufige Präsentation wird der Betrachter neugierig und möchte erfahren, was auf der Vorderseite zu sehen ist. Er wird regelrecht aufgefordert, das Bild umzudrehen, findet dabei aber kein Motiv, sondern lediglich die eigentliche Rückseite. »Der Gegenstand dieses Gemäldes ist das Gemälde als Ding«, beschreibt der Kunsthistoriker Victor Stoichita (geb. 1949) diese Paradoxie treffend.[7] Wie die *Rückseite eines Gemäldes* enthalten Chantourné-Trompe-l'œils oftmals Anspielungen auf den Prozess der Bildherstellung, im Zusammenhang mit der Frage nach der ontologischen Wertigkeit der Malerei. Besitzt diese visionären Charakter oder ist sie lediglich Objekt? Dabei unterscheidet sich Gijsbrechts' *Rückseite eines Gemäldes* vom Readymade entscheidend dadurch, dass es sich um eine gemalte Rückseite handelt und nicht um eine Leinwand.[8] In diesem Kontext darf auch Jasper Johns' (geb. 1930) *Flag* von 1954/55 (Museum of Modern Art, New York) nicht unberücksichtigt bleiben, welches die Frage aufwirft, ob eine auf Tuch gemalte Flagge eine solche ist oder nicht. Es bestätigt, ebenso wie die Trompe-l'œils von Rebhühnern bis Dollarnoten, die zahlreichen Bedeutungsschichten hinsichtlich des semantischen Status von Bildern.

Als zeitgenössischen Chantourné muss man Grommeks Arbeit *Bitte stehen lassen ...* (2005) betrachten. Der Blick fällt auf eine industriell produzierte Spanplatte, wie sie in den Holzabteilungen von Baumärkten zu finden ist. Dieses plastische Werk steht in der Tradition der sich mit Material- und Formfragen auseinandersetzenden Minimal Art der 1960er-Jahre.[9] Mit *Bitte stehen lassen ...* sucht Grommek nach dem Nullpunkt der Skulptur, indem er ein einfaches Industriematerial wählt, das beiläufig an der Wand lehnend zur Schau gestellt wird und dessen handwerkliche Herstellung dem nicht eingeweihten Betrachter verborgen bleibt. Grundlage ist eine auf der Vorderseite weiß grundierte Spanplatte in den Maßen von 120 × 90 Zentimetern. Diese weiße Fläche hat Grommek in einer speziellen Maltechnik derart bearbeitet, dass sie der ungrundierten Oberfläche der Spanplatte ähnelt. Er hat also ihre Struktur imitiert. Die Kanten der Platte, die eindeutig das wahre Material verraten, sorgen für zusätzliche Irritation, weil weiße Grundierungsreste zu sehen sind. Auf einem zwischen Platte und Wand geklemmten Zettel steht geschrieben: »Bitte stehen lassen. Wird morgen abgeholt.« Die Aufforderung verstärkt den Trompe-l'œil-Effekt, da sie den Eindruck erweckt, die Spanplatte habe bei handwerklichen Arbeiten keine Verwendung gefunden und werde später entfernt. Die malerische und dadurch Illusion erzeugende Bearbeitung durch den Künstler wird daher umso schwerer erkannt. Fast

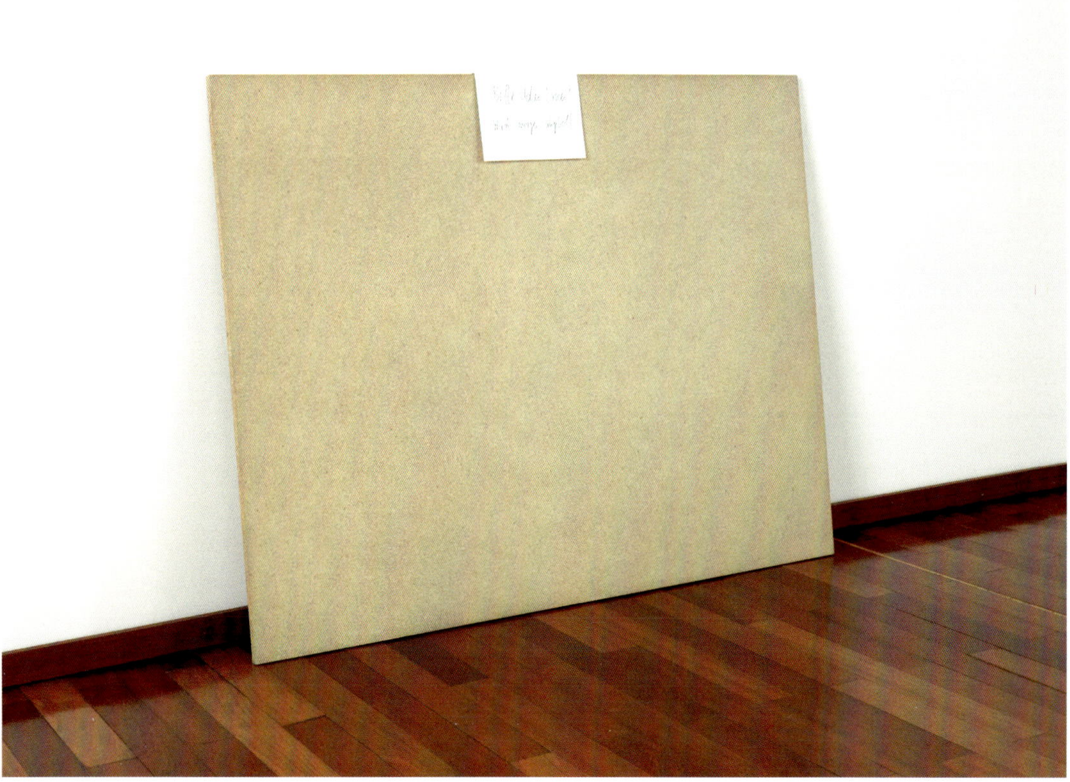

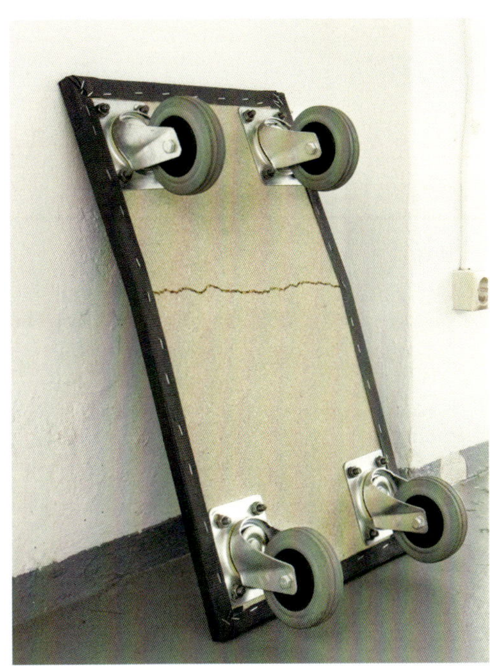

parallel zu Grommeks ersten Holzimitaten im Jahre 1988 schuf Robert Gober (geb. 1954) die Skulptur *Plywood* (1987), bei der es sich um eine aufwendig erstellte Nachahmung einer etwas größeren Sperrholzplatte (242,5 × 118 × 1,5 cm) handelt. Auch sie kann in der Tradition der Minimal Art verortet werden und ist ebenso entscheidend durch den Aspekt des Illusionismus geprägt. »Die Skulptur ist nicht gleich aufgebaut wie eine echte Sperrholzplatte, bei der mehrere, verschieden gelagerte Schichten sandwichartig gegeneinander gepresst werden, um eine bessere Stabilität zu erreichen«, erläutert Gober. »Sie hat einen Pressspan-Kern. Das Sandwichmuster an den Rändern ist nur simuliert und auf Vorder- wie Rückseite wurde eine ganze Furnierplatte aufgeklebt. Dieses Werk wurde zweimal mutwillig beschädigt, und wenn ich über meine Arbeit spreche, werde ich unweigerlich gefragt, warum dies eine Skulptur sei. Das ist seltsam, denn es ist in vielerlei Hinsicht eine ausgesprochen traditionelle Skulptur, die tief in der alten Tradition des Stilllebens wurzelt.«[10] In der Geschichte des Trompe-l'œil besitzt die rohe Holzplatte, wie Gober andeutet, einen besonderen Stellenwert, so zum Beispiel bei den gemalten Hintergründen der Quodlibet- und Steckbrett-Gemälde. Von Jacopo de' Barbari (um 1440 – um 1505) über Wallerant Vaillant (1623–1677) und Edwaert Collier (um 1640 – nach 1707) bis zu Hieronymus Hastner (1665–1729) und Christian Gottlob Winterschmidt (1755 – nach 1809) bildet sie in differenzierter Nachbildung den Hintergrund, vor dem tote Rebhühner, angeheftete Briefe und diverse Gegenstände präsentiert werden.

Im Gegensatz zu Gijsbrechts' *Rückseite eines Gemäldes* kann man bei *Bitte stehen lassen …* durchaus von einem Readymade sprechen, da hier ein alltäglich verwendetes Material in einer beiläufig erscheinenden Lagerung präsentiert wird, wie sie zum Beispiel bei Renovierungsarbeiten stets vorkommt. Gleichzeitig kann die Arbeit auch als minimalistischer Beitrag zur Malerei betrachtet werden. Die Paradoxie von Grommeks Arbeit offenbart sich darin, dass die Oberflächenbeschaffenheit einer Spanplatte auf ebenderselben imitiert wird. In der Nachahmung misst der Künstler dem rohen, gemeinhin übersehenen Material eine besondere Bedeutung zu. Ähnlich beiläufig wie *Bitte stehen lassen …* lehnt das Objekt *o. T. (Hund)*, 2002, an der Wand. Die Rollen des kleinen Transportmittels, dessen Oberfläche mit einem blauen, rutschfesten Plastiküberzug bespannt ist, sind dem Betrachter zugewandt, sodass er die hölzerne Unterseite sieht. Das Holz ist etwas oberhalb der Mitte gebrochen. Bei genauerer Begutachtung fällt auch hier auf, dass die Oberfläche einer Spanplatte malerisch imitiert wurde. Direkt wird der Riss kontrolliert, der aus dem Bruch resultiert. Er ist echt! Keine Illusion! Auf diese Weise wird ein Alltagsgegenstand zumindest teilweise zum Trompe-l'œil-Objekt, das die ganze Konzentration des Betrachters fordert, um »echt« von »falsch« zu unterscheiden. Grommeks Malerei hat in der Art seiner Hinterfragung hinsichtlich ihrer Wertigkeit – ob sie noch einen visionären Charakter haben kann oder mittlerweile zum bloßen Objekt degradiert ist – einen konzeptuellen Ansatz. Sein Konzept nimmt die Intention, und nicht die Intuition, des Künstlers zur Grundlage. In Bezug auf sein Werk lassen sich drei Zuständigkeiten von Intention feststellen:

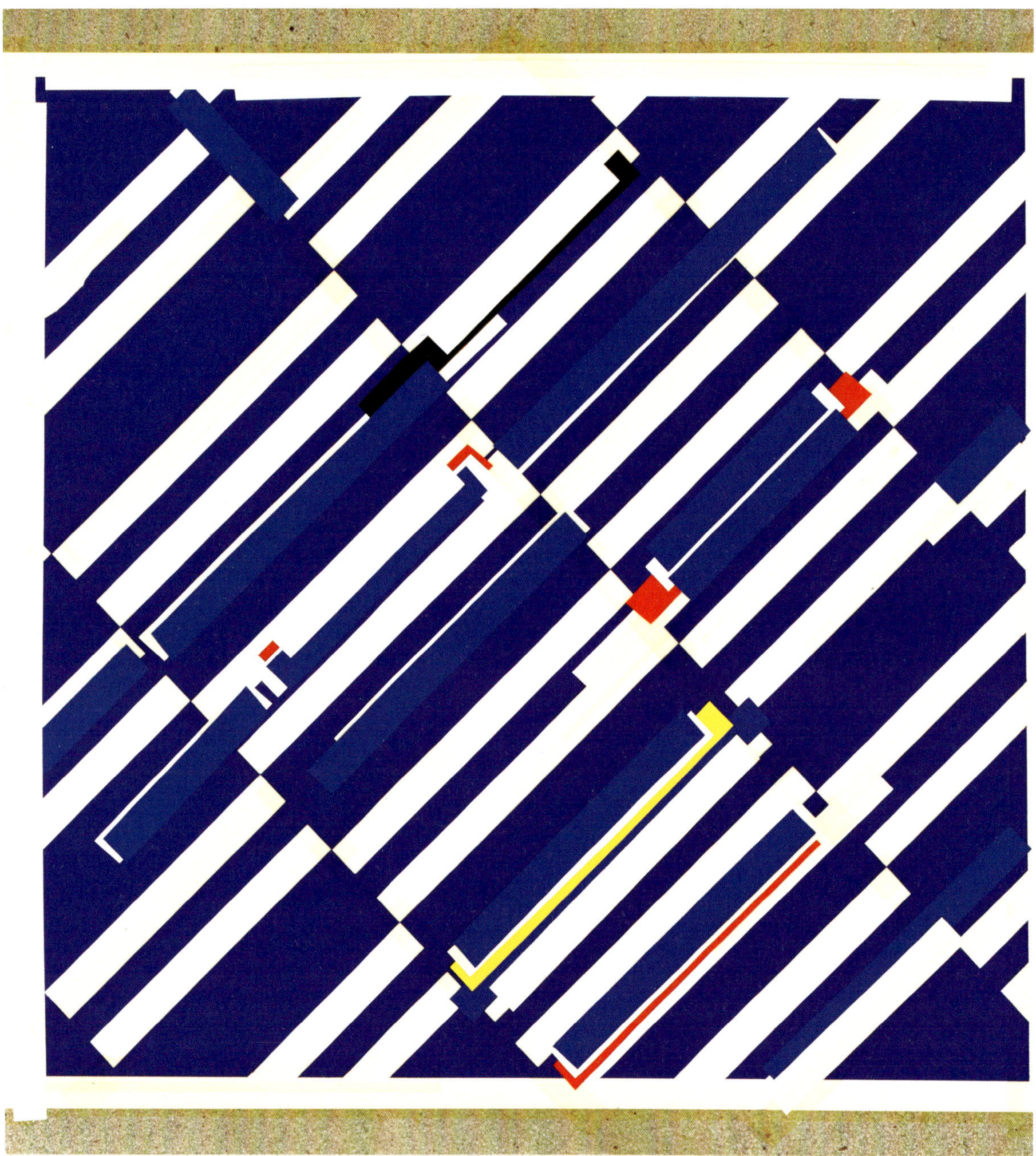

1. Nur über die Intention des Künstlers lässt sich die jeweilige Erscheinung eines Werks beurteilen, lassen sich die Wahl eines bestimmten Mediums und die Triftigkeit dieser Wahl in Bezug auf die Artikulation nachvollziehen.

2. Künstlerische Intention ist der Garant dafür, dass der Artikulation generell Kunstcharakter zukommt.

3. Künstlerische Intention artikuliert schließlich auch den Willen zu einer Kontinuität traditionell modernistischer Qualitäten des Kunstwerks wie etwa der Kritik am künstlerischen und gesellschaftlichen Status quo und der Distanz zum rein Modischen.

Die bisherigen Werkbeispiele verdeutlichen, dass für Grommek im Schnittpunkt der heutigen Veränderungen die drei oben definierten Zuständigkeiten künstlerischer Intention stehen. Sie sind seiner Ansicht nach die zentrale Kompetenz des Künstlers. Die Priorität der Intention hat er mehrfach beschrieben: »Ich nehme die Dinge, die die Menschen nicht bemerken, und mache sie bemerkbar, ich konfrontiere die Leute mit ihnen. Die Tatsache, daß ich ein Künstler bin, ist ausreichend; wenn ein Anstreicher eine Mauer weiß anmalt, bleibt es eine Mauer, wenn ich sie weiß anmale, ist es ein Bild.« Grommek spielt mit Paradoxien, »[w]eil jeder voll von Widersprüchen ist. Wir möchten an anderen die Dinge, die wir nicht mögen, kontrollieren.«[11]

Mit Blick auf die drei beschriebenen Zuständigkeiten von Intention kann man bei Grommeks künstlerischem Ausgangspunkt von einer ästhetischen Partizipation an den einfachen Dingen seiner alltäglichen Umgebung sprechen. Diese artikuliert sich in einer ästhetischen Erweiterung des Dargestellten, die aufgrund ihres Trompe-l'œil-Charakters zugleich fasziniert und irritiert. Der Betrachter wird zwar zunächst durch eine Art Sensationslust geködert, durch die er seinen voyeuristischen Trieb befriedigt, denn niemand glaubt beim ersten Anblick der Bilder beziehungsweise Objekte, dass die gesamte Oberfläche malerisch umgesetzt ist, sondern fühlt sich vielmehr an einfache Dinge des Alltags erinnert. Mit seinen Chantournés enttarnt Grommek jedoch den voyeuristischen Blick, indem er vor Augen führt, wie einfach man einer solchen Sichtweise verfallen kann. Die Hinterfragung der ontologischen Wertigkeit von Malerei, wie sie auch schon einzelne kunsthistorische Vorläufer beschäftigt hat, zeigt sich besonders in einer umfangreichen Reihe von Arbeiten (seit 2000), bei denen der Künstler in vielfältigen geometrischen Anordnungen Klebestreifen in ihren variationsreichen Erscheinungsformen imitiert. Auch hier wird durch die Anregung des Tastsinns ein visionärer Charakter des Mediums offengelegt.

Ein exemplarisches Beispiel stellt die Arbeit *o. T.* (2009) dar. Ihr diagonales Raster erinnert mit seinen blau-weißen Streifen an das Design der Aldi-Tüte, die Grommek, obwohl des Öfteren schon selbst verwendet, im Hinblick auf seine künstlerische Tätigkeit erstmals bewusst an einer Bushaltestelle in Berlin an einem Passanten wahrgenommen hat. Der Grund für seine erhöhte Aufmerksamkeit war, dass die Tüte nicht, wie meist nach einem Einkauf, ausgebeult, sondern lediglich mit etwas Flachem bepackt war, sodass die geometrische Struktur ihres Aufdrucks deutlich in Erscheinung trat.[12] Diese geometrische Struktur übertrug Grommek nun in Form von gemalten »Klebestreifen« auf Holz. Durch die Überlagerung der einzelnen malerisch suggerierten Bänder erzeugt er eine Haptik, die eine dem Chantourné-Trompe-l'œil-Effekt ähnliche Reaktion beim Betrachter auslöst. Trotz des Wissens, dass es sich um Malerei handelt, wird das Bedürfnis hervorgerufen, die illusionistischen Klebestreifen von der Oberfläche des Malgrunds zu ziehen.[13] Gleichzeitig führt Grommek ein in Deutschland allgemein bekanntes Motiv einer Tüte aus dem Alltag zurück in die Kunst, denn das Design stammt von einem Künstler und erinnert unweigerlich an dessen Werk: Günter Fruhtrunk (1923–1982).[14]

Während bei Fruhtrunk die präzise geometrische Struktur und die farblich gleichmäßig ausgeführte monochrome Fläche im Vordergrund standen, interessiert Grommek die bewusste Vortäuschung einer Materialität. Ihm geht es nicht um eine geometrische Perfektion, vielmehr unterliegen bei ihm die diagonal angelegten, unterschiedlich breiten, aber klar strukturierten Streifen, die auf der Aldi-Tüte im regelmäßigen Wechsel von blau und weiß angeordnet sind, einer Asymmetrie. Auch wenn die malerischen »Klebestreifen« derartig parallel diagonal angelegt sind, dass ein Wiedererkennungseffekt zur Vorlage gegeben ist, wird deren präzise geometrische Struktur von Grommek gebrochen. Außerdem ist das Blau nicht in einem Farbton wiedergegeben, sondern in zwei Abstufungen variiert. Die gemalten »Klebestreifen« überlagern sich, und ihre Parallelität ist nicht immer exakt. Des Weiteren tauchen sie vereinzelt andersfarbig auf (in rot, gelb und schwarz). Sie werden zwar von den weißen und blauen Bahnen zum großen Teil überdeckt, ihre Ränder bleiben allerdings minimal sichtbar. Die Illusion der Materialität wird noch dadurch gesteigert, dass farblose Lackstreifen suggerieren, ein durchsichtiger Klebestreifen sei darübergelegt. Diese malerische Methode, die zusätzliche visuelle Irritationen hervorruft, wiederholt Grommek bei zahlreichen anderen Arbeiten dieser Reihe mit illusorischen Klebebändern. Gleiches gilt für die durchsichtigen Streifen, die sich meist in den Randbereichen dieser Arbeiten finden lassen, und zwar dort, wo die Struktur wieder malerisch imitierte Spanplatten-Oberflächen erahnen lässt. Wie bei *Bitte stehen lassen …* wird der Trompe-l'œil-Effekt dadurch verstärkt, dass der Betrachter an den Bildkanten erkennt, der Bildgrund muss tatsächlich wieder eine Spanplatte sein. Dass ihre Oberfläche weiß grundiert ist und darauf, wie bei zahlreichen anderen Werken des Künstlers, ihre Struktur noch einmal malerisch imitiert wurde, kann er abermals nicht unbedingt sofort erkennen. Trotz unterschiedlicher künstlerischer Intentionen veranschaulichen die Werke von Fruhtrunk und Grommek, dass beide von Perfektion besessen sind: Kein Pinselstrich darf den manuellen Produktionsprozess verraten.

Neben dem künstlerischen Kommentar zur geometrischen Struktur der Aldi-Tüte, die Grommek in die Kunst zurücktransformiert, finden sich zahlreiche andere Arbeiten, mit denen er Sinnbildlichkeiten und Strukturen von Dingen und Begebenheiten des Alltags offenlegt, die ihn als partizipierenden Beobachter interessieren. Seit 2009 entstehen Malereien auf Aluminium. Die verschiedenfarbigen geometrischen Strukturen und monochromen Flächen suggerieren hier keine Klebestreifen, sondern Klebefolie. Der Untergrund besteht bei diesen Werken aus Aluminium und ist bei genauer Prüfung kein malerisches Imitat. Nach seinen bisherigen visuellen Erfahrungen wird jede dieser Arbeiten vom Betrachter umgehend akribisch untersucht. Jeder Fake will entdeckt werden. Die zum Teil ornamenthaften Muster ergeben sich aus Resten von Schablonenschnitten, wie sie beim Plotten von vergrößerten Schriftzügen und Logos entstehen. Grommek setzt diese Abfallprodukte collagenartig zu neuen geometrisch-abstrakten Motiven zusammen, die er dann malerisch imitiert. Trotzdem bleibt der Wiedererkennungseffekt von Piktogrammen und Symbolen erhalten, wie wir sie zum Beispiel von Funktionstasten bei Fernbedienungen oder Stereoanlagen kennen.

Grommek erstellt seine Arbeiten häufig in Serien, deren Einzelbilder aber durchaus als Variation zum Thema betrachtet werden müssen. Das jeweilige Einzelbild kann ein Thema bereits mehr als ausreichend erschließen. Eine Variation stellt eine Serie im Sinne einer unhierarchischen Reihung dar, muss es aber nicht zwangsläufig.[15] Der vielzitierten Formel »das Simultationsprinzip überwindet das Realitätsprinzip und das Lustprinzip«,[16] mit der Jean Baudrillard (1929–2007) am Beispiel von Andy Warhols (1928–1987) Arbeiten sehr treffend Serienkonzeptionen kommentierte, liegt ein Vergleich mit dem Tod zugrunde: »[Der] Reiz gleicht vielleicht dem des Todes, in dem Sinn, dass für uns geschlechtliche Lebewesen der Tod möglicherweise nicht das Nichts bedeutet, sondern einfach nur die der Geschlechterdifferenzierung vorhergehende Form der Fortpflanzung. Die Erzeugung nach dem Modell in endloser Reihe nimmt tatsächlich die Vermehrungsweise der Einzeller wieder auf und stellt sich der entgegen, die für uns mit Leben verbunden ist.«[17]

Der tödliche Reiz der Verdoppelung zeigte sich in aller Deutlichkeit bei Warhol, als er die Alltags-

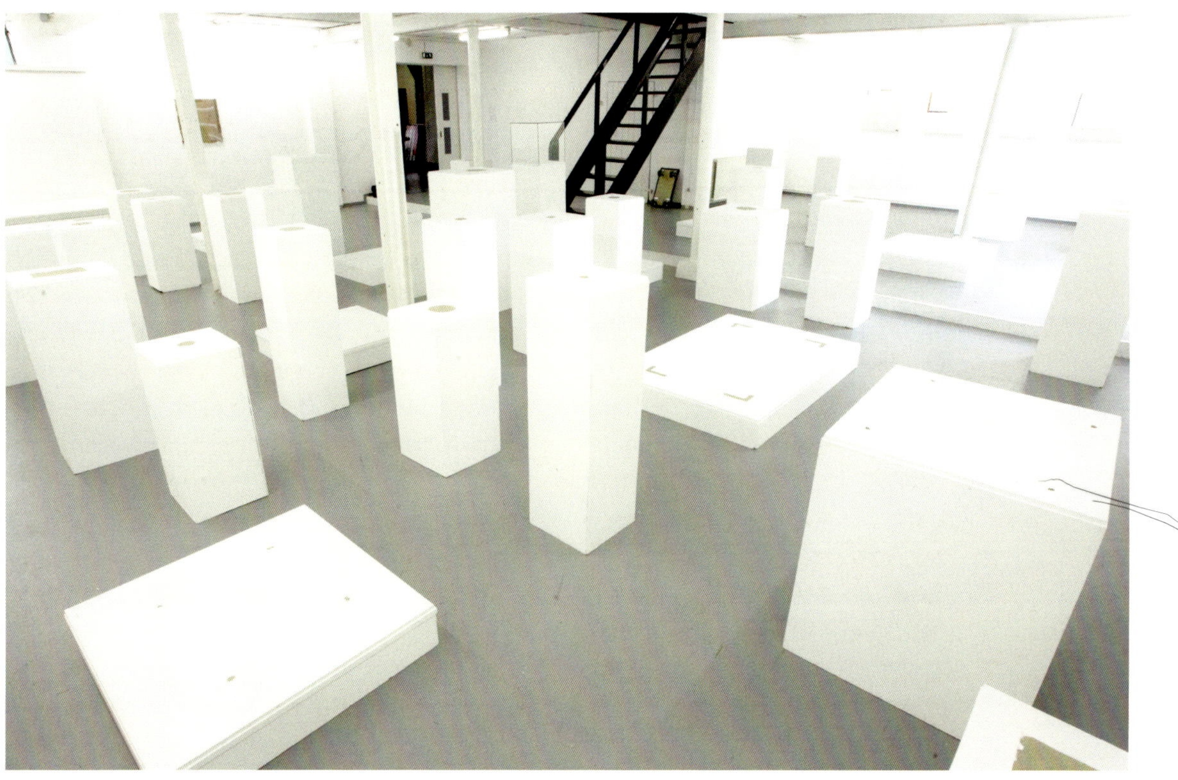

mythen der amerikanischen Massengesellschaft verdoppelte, vervierfachte oder in Endlosserien ad absurdum führte. Auch für Grommek trifft dieser Gedanke zu: »Alle Kunst ist auch Fälschung, ihre gefälschten Emotionen, gefälschten Objekte entstehen aus Sehnsucht, sie will wie das wirkliche Leben sein, aber das kann sie nie sein. Die Situation ist real, aber Kunst ist Fälschung. Ich möchte die Realität in meiner Arbeit vollständig ändern, zur allerschönsten, genauso wie ich es möchte; aber das ist unmöglich, die Sehnsucht ist zu stark, sie ersetzt sich immer wieder. Ich denke, das ist alles die Sehnsucht danach, ewig zu leben.«[18] Grommek steigert Warhols Serienkonzeptionen, indem er dessen Selbstporträts von 1967 als schematisierte Vorlagen verwendet. Auffällig bei diesen frühen Arbeiten der Pop-Art-Ikone sind die zum Teil leichten Verschiebungen des Siebdruckrahmens. Zunächst wurden hier die Oberflächen der Leinwand in einer Farbe monochrom bemalt. Im Anschluss daran ist das Porträt in der Technik des Siebdrucks gesetzt und erst danach, so scheint es, die Leinwand auf den Keilrahmen gespannt worden. Dies geschah offenbar nicht immer sehr exakt, sodass sich minimale Verschiebungen des Motivs ergaben, die sich vor allem am Bildrand zeigen. Grommek nahm nun eine Reihe von Spanplatten im selben Format wie Warhols Porträts, imitierte die Holzoberflächen und setzte darauf in gleicher Farbigkeit der monochromen Flächen der Vorlagen die asymmetrischen Verschiebungen des Siebdruckrahmens, die als schmale Farbstreifen am Bildrand eindeutig erkennbar sind. Nicht Warhols eigentliches Selbstporträt war Vorbild, sondern der Produktionsprozess. Bei Grommeks minimalistischen Adaptionen bleibt der Rahmen ohne Gesicht. Das Selbstporträt wird durch die imitierte Holzstruktur ersetzt. Während sich bei Warhol das serielle Prinzip in der Wahl des auf Massenproduktion ausgelegten Siebdruckverfahrens äußert, durch das sich ein Bild von dem anderen nur noch in der Wahl der Farbe und deren Auftrag unterscheidet, zeigt sich Grommeks serielles Verfahren in der sich stets wiederholenden nachgeahmten Spanplatten-Oberfläche, die man nur noch aufgrund der jeweils anderen Farbigkeit am Bildrand differenzieren kann.

Eine andere Variante im Umgang mit dem Seriellen zeigt sich in der 50 Sockel umfassenden Installation, die Grommek für eine Präsentation im Kunstverein Springhornhof 2006 konzipiert hat. Basis dieser Arbeit ist der Sockelbestand der Institution. Die Stellflächen der einzelnen Sockel wurden vom Künstler ausgetauscht und neu bearbeitet. Der Untergrund ist weiß gehalten, doch sind kreisrunde oder viereckige Aussparungen zu erkennen, die die Spanplatten-Oberfläche zeigen und den Eindruck erwecken, man habe direkt um einzelne Gegenstände wie Vasen oder Stuhlbeine gestrichen. Dementsprechend ungenau ist die Ausführung der Linien der einzelnen Flächen. Auch hier erzeugt Grommek wieder einen illusionären Effekt, denn er hat diese Bereiche exakt malerisch nachgestellt. Das heißt, die vermutete Spanplatten-Oberfläche ist als Malerei auf dem ursprünglichen weißen Grund dargestellt, ebenso die leichten Farbverläufe an den einzelnen Rändern; es standen nie Gegenstände auf den Sockeln, die als eine Art Schablone verwendet wurden. Wie bei den Arbeiten mit den illusionistischen, malerisch erzeugten Klebestreifen verbindet der Künstler Fiktion mit Serialität.

Insgesamt – so auch bei Grommek – ist im seriellen Prinzip eine Kritik an bürgerlichen Kunstnormen angelegt. Denn an die Stelle der Originalität und Intuition des Künstlers tritt die Intention, das planmäßige Handeln, das, kombinatorisch und methodisch, vormals außerkünstlerische Materialien und Verfahrensweisen integriert und überprüfbare Ergebnisse verspricht.[19] Im Gegensatz zum traditionellen Konzept mit Betonung auf Intuition und Kreativität beschreibt ein derartiger künstlerischer Ansatz bildende Kunst als wiederholbares Verfahren.[20] Originalität wird durch ein vom Seriellen geprägtes Kunstverständnis neu bewertet, denn durch die Herstellung von Gleichförmigem, mit nuancierten Abweichungen, erhält sie, im Sinne eines transformierenden künstlerischen Prozesses, eine positive Umdeutung. Grommek geht es nicht um die Verdeutlichung von Massenphänomenen, sondern vielmehr um den Austausch des Begriffs »Masse« durch den des »Seriellen«. An diesem Punkt gibt es Gemeinsamkeiten zu einem gesellschaftstheoretischen Ansatz von Klaus Theweleit (geb. 1942). Dieser erweitert den Begriff des Seriellen beziehungsweise der Serie, indem er ihn auf gesellschaftliche Massenphänomene bezieht, die er differenziert von »Masse« im Sinne Elias Canettis (1905 – 1994) betrachtet.[21] Nach Theweleit wird der Begriff der Masse in den westlichen Gesellschaften zunehmend durch den Begriff der Serie abgelöst. Individuen werden zu sogenannten »Serienformatierten«, die ihre Identität über Serienprodukte bestimmen: »Das Leben in Serien und Serienzeichen ist eine neue Existenzform.«[22] Am Ende steht die paradoxe Frage, die auch als Ausgangspunkt für Grommeks künstlerischen Ansatz betrachtet werden kann: »Wer [oder was] verkörpert die Serie (das Gleiche) am besten?«[23]

Grommek bleibt dabei nicht nur bei der Strategie der bloßen Verblüffung, sondern setzt das Nachdenken über die handwerkliche Produktion von Kunst, über die Idee von Original, Reproduktion und Kopie, und zugleich über starres Normendenken, weiter in Gang. Durch die Nachahmung des industriell angefertigten und massenhaft verwendeten Klebestreifens in seiner vielfältigen farblichen Präsenz, der im Prozess der simulierenden plastischen Nachschöpfung in ein Motiv der Kunst verwandelt wird, thematisiert der Künstler mit seinen Trompe-l'œil-Effekten das Verhältnis zwischen Kunst und Alltag. Der künstlerische Gegenstand gleicht dem alltäglich verwendeten Klebeband unverkennbar, da durch die Überlagerung einzelner malerischer Schichten ein haptischer Eindruck vermittelt wird, der die Illusion erst erzeugt. Er ist aber dem Material- und Gebrauchsstatus nach weit von ihm entfernt. Insofern gehören Grommeks Arbeiten eher der Konzept- als der Illusionskunst an. Er nutzt die Augentäuschung im Rahmen eines Konzepts, das, wie bei vielen Vertretern des Minimalismus auch, Gedanken in Gegenstände niederlegt. Nachdem der Betrachter die erste Probe – er unterliegt der Täuschung – bestanden hat, unterzieht Grommek ihn einer zweiten Prüfung – er weiß um die Täuschung – , wodurch er nicht nur seinen Augen zu misstrauen beginnt, sondern für einen kurzen Augenblick auch an seinem Verstand zweifelt.

Der Grund für Grommeks Interesse am Trompe l'œil liegt also in seinem erkenntnistheoretischen Skeptizismus gegenüber einer unüberschaubaren und daher kaum verständlichen Welt. Aus diesem Grund ist der Betrachter nach seiner Einsicht nur noch Voyeur, weil er verlernt hat, zu erkennen und zu differenzieren. So ist für den Künstler immer nur der bloße Schein der Realität darstellbar, was einer modellhaften Relativierung der Abbildbarkeit gleichkommt. Da sie als illusionistische Techniken von vornherein auf Täuschung und Irritation angelegt sind, demonstrieren optische Täuschungen die Beschränktheit und Unvollkommenheit der Wahrnehmungs- und Erkenntnismöglichkeiten. Diese Tatsache ändert aber nichts an der Lust und List, mit der Joachim Grommek dem Schein und dem Augentrug bildnerisch nachspürt. Denn die ontologische Qualität von Bildern zeigt sich nach seinen Worten umso deutlicher, »je anschaulicher und gleichzeitig unverständlicher sie Begebenheiten der unbegreiflichen Wirklichkeit offenlegen«.[24]

ANMERKUNGEN 1 Vgl. Ernst Kris und Otto Kurz, *Die Legende vom Künstler. Ein geschichtlicher Versuch* [1934], Frankfurt am Main 2003, S. 87–113. 2 Vgl. ausführlich *Eyes, Lies and Illusions*, Ausst.-Kat. Hayward Gallery, London 2004. 3 Vgl. ausführlich Marcel Mauss, »Entwurf einer allgemeinen Theorie der Magie«, in: ders., *Soziologie und Anthropologie. Theorie der Magie*, Bd. 1, Frankfurt am Main 1978, S. 43–182. 4 Vgl. Wolf Singer, »The Misperception of Reality«, in: *Deceptions and Illusions. Five Centuries of Trompe l'Oeil Painting*, Ausst.-Kat. National Gallery of Art, Washington 2002, S. 48 f. 5 Vgl. Victor I. Stoichita, *Das selbstbewußte Bild. Vom Ursprung der Metamalerei*, München 1998, S. 308–312. 6 Vgl. hierzu unter anderem auch die Außenseiten von Jan van Eycks (um 1390–1441) Diptychon der *Verkündigung*, um 1435, Museo Thyssen-Bornemisza, Madrid, und Jacob de Wits (1695–1754) *Allegorien der Jahreszeiten*, 1740, Rijksmuseum Amsterdam. 7 Stoichita (wie Anm. 5), S. 308. 8 Vgl. Thierry Lenain, »Le dernier tableau de Marcel Duchamp. Du trompe-l'œil au regard désabusé«, in: *Annales d'Histoire de l'Art et d'Archéologie*, 6, 1984, S. 100. 9 Vgl. Gregor Stemmrich, »Vorwort«, in: ders. (Hrsg.), *Minimal Art. Eine kritische Retrospektive (Fundus-Bücher* 134, hrsg. von Gerti Fietzek und Michael Glasmeier), Dresden und Basel 1995, S. 28 f.: »Bezeichnend ist [...], daß in der Minimal Art Visualität von einer materiell lokalisierten Struktur von Dingen her konzeptualisiert wird und nicht umgekehrt, was z. B. Carl Andre [geb. 1935] in seiner Erklärung unterstrichen hat: ›Das Scheitern der plastischen Intelligenz beginnt mit der Verwechslung zwischen der Sichtbarkeit von Dingen und unserer Fähigkeit, sie zu sehen.‹ [...] Die Frage nach einer möglichen Neuverortung der Kunst im Sichtbaren mag sich als eine erweisen, die über das historische Paradigma der Minimal Art hinaus Aktualität besitzt.« 10 Theodora Vischer (Hrsg.), *Robert Gober. Skulpturen und Installationen 1979–2007*, Ausst.-Kat. Schaulager, Basel, Göttingen 2007, S. 190 f. 11 »Sich als echt erweisende Malerei. Ein Interview mit Joachim Grommek von Damien Hirst«, in: *Joachim Grommek – Flecken*, Ausst.-Kat. Galerie Michael Haas, Berlin 1994, o. S. 12 Diese Anekdote erzählte der Künstler im Gespräch mit dem Autor in seinem Atelier in Berlin am 27. Juni 2010. 13 Eine genauere Erläuterung zur malerischen Technik erfährt man in dem von Susanne Pfleger geführten Gespräch mit dem Künstler, »Ich hätte auch grüne Bilder malen können ...«, in der vorliegenden Publikation. 14 Der Verweis auf Günter Fruhtrunk ist nicht der einzige Bezug zur Kunstgeschichte. In einer unbetitelten Serie von geometrisch-abstrakten Arbeiten bezieht sich Grommek unter anderem auf Kasimir Malewitsch (1878–1935), Piet Mondrian (1872–1944), Blinky Palermo (1943–1977) und Robert Ryman (geb. 1930). Auch hier nimmt er Spanplatten als Malgrund, bemalt deren Oberflächen mit ebenderselben Struktur einer Spanplatte und setzt darauf die vermeintlichen »Klebestreifen«, sodass eine ästhetische Nähe zu den kunsthistorischen Vorlagen unverkennbar bleibt. Ein direkter Verweis auf Palermo zeigt sich in den Werken *Tilt* (2005) und *3D* (2006). Hier rekurriert Grommek auf die Arbeiten *Flipper* (1965) und die umfangreiche Serie *To the People of New York City* (1976) des früh verstorbenen Künstlerkollegen. Die Raster und Oberflächenstrukturen der Nachahmungen sind im Vergleich zu den Vorlagen rudimentär ausgeführt, hinzu kommen minimale farbliche Ergänzungen Der Wiedererkennungseffekt bleibt aber trotzdem erhalten. 15 Vgl. Gottfried Boehm, »Werk und Serie«, in: Daniel Hees und Gundolf Winter (Hrsg.), *Kreativität und Welterfahrung*, Duisburg 1988, S. 17. 16 Jean Baudrillard, *Der symbolische Tausch und der Tod* [1976], München 1991, S. 93. 17 Ebenda, S. 89. 18 Grommek (wie Anm. 11), o. S. 19 Vgl. Elke Bippus, *Serielle Verfahren*, Berlin 2003, S. 9 f. 20 Vgl. ebenda, S. 22 ff. 21 Vgl. Elias Canetti, *Masse und Macht* [1960], Frankfurt am Main 1980. Canetti unterscheidet zwischen offener und geschlossener Masse, rhythmischer und stockender Masse, langsamer und rascher Masse. Genannt werden fünf Grundarten: Hetzmassen, Fluchtmassen, Verbotsmassen, Umkehrungsmassen und Festmassen. 22 Klaus Theweleit, »Canettis Masse-Begriff: Verschwinden der Masse? Masse und Serie«, in: *Ghosts*, Frankfurt am Main 1998, S. 243. Das »Ich« bildet sich demzufolge aus der Konstruktion. Es ist ein Exponat einer Serie. 23 Ebenda, S. 237. Vgl. dazu ausführlicher Sven Drühl, *Der uniformierte Künstler – Aspekte von Uniformität im Kunstkontext*, Bielefeld 2006. 24 Der Künstler am 27. Juni 2010 (siehe Anm. 12).

DIE SUCHE NACH DEM WIDERSPRUCH. JOACHIM GROMMEKS KUNSTHISTORISCHE EXKURSIONEN *Nina Gülicher*

Kaum ein Text über das Werk von Joachim Grommek versäumt den Hinweis auf die kunsthistorischen Vorbilder, die seinen Motiven häufig zugrunde liegen. Kursorisch fallen dabei Namen wie Kasimir Malewitsch, Andy Warhol, Robert Ryman oder Blinky Palermo; einige Autoren weisen auf spezifische Kunstwerke hin wie auf Warhols *Red Race Riot* (1963) oder Palermos *Flipper* (1965). Das Verhältnis von Grommeks Werken zu den jeweiligen Vorbildern wird dabei lediglich formal beschrieben, nicht aber in seiner möglichen Bedeutung hinterfragt.

In der Geschichte der Kunst gibt es zahllose Beispiele für das künstlerische Aufgreifen und Kommentieren von motivischen oder kompositorischen Details fremder Werke. In den 1970er-Jahren entdeckten Künstlerinnen und Künstler schließlich die konzeptuelle Sprengkraft einer vollständigen Kopie. Solch selbstbewusste Fälschungen vermögen traditionelle kunsthistorische Kategorien wie Original, Urheberschaft, Stil und Authentizität auszuhebeln; zudem rücken sie die gesellschaftlichen und institutionellen Bedingungen in den Vordergrund, unter denen Kunst hergestellt und rezipiert wird. Mit Blick auf Vertreter der Appropriation Art, etwa Sherrie Levine oder Richard Prince, beschreibt Stefan Römer diese künstlerischen Strategien mit dem Begriff des Fake. Da dieser »nicht nur das kopierte Werk, sondern den gesamten institutionellen Prozess des Fälschens« meint, handelt es sich um eine hochgradig reflexive künstlerische Praxis.[1] Verfolgt ein Künstler beim Griff in die Kunstgeschichte die Strategie eines Fake, ist das Verhältnis seines Werks zum Vorbild kaum über die bloße Feststellung von formalen Parallelen und Unterschieden zu klären. Vielmehr sind die Charakteristika und Hintergründe der vorherigen künstlerischen Verfahren mit zu bedenken.

Im Fall von Grommeks kunsthistorischen Exkursionen kann ebenfalls von Fakes gesprochen werden, beziehen sie sich doch zumeist in Gänze auf bereits existierende Kunstwerke. Angesichts der reflexiven Dimension eines Fake steht daher zur Diskussion, was seine künstlerische Praxis im Verhältnis zu den Vorgängern kennzeichnet und welche produktionsästhetischen Fragen damit verbunden sind.

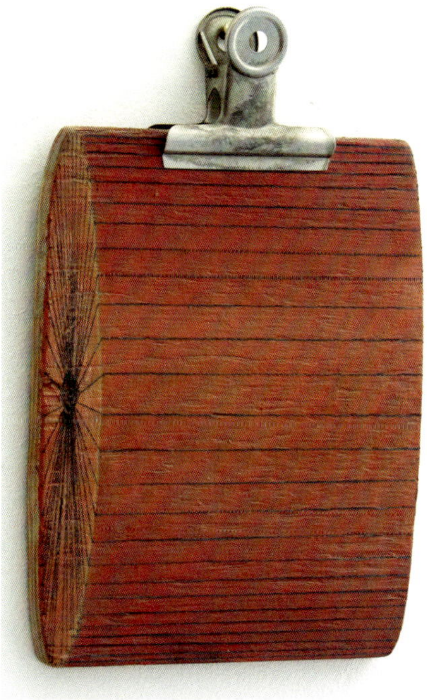

MATERIALITÄT Das Bild *Schokoladenmühle II*, im Februar 1914 von Marcel Duchamp fertig gestellt, dient Grommek als eines der ersten Vorbilder für einen Fake. Nachdem Duchamp bei den vorhergehenden Gemälden noch den Prinzipien der kubistischen Formzerlegung folgte, zielte er mit den beiden Versionen des Schokoladenmühlen-Motivs erstmals auf eine sachlich-neutrale Objektdarstellung ab, die er als »Präzisionsoptik« bezeichnete. Im Kern ging es ihm dabei um die »Entpersönlichung der Linie«, da diese nicht dem Ausdruck einer individuellen künstlerischen Gestimmtheit dienen sollte, sondern der präzisen Beschreibung eines Gegenstandes. Bereits bei *Schokoladenmühle I* zeichnete Duchamp daher die Binnen- und Konturlinien der Fantasiemaschine mit Lineal und Schablone. Bei der zweiten Version verzichtete er gar vollständig auf den Stift, indem er die Linien mithilfe von Fäden auf der Leinwand applizierte. Wie Herbert Molderings herausstellt, reflektiert dieser Griff zum Faden den Aufbau technischer

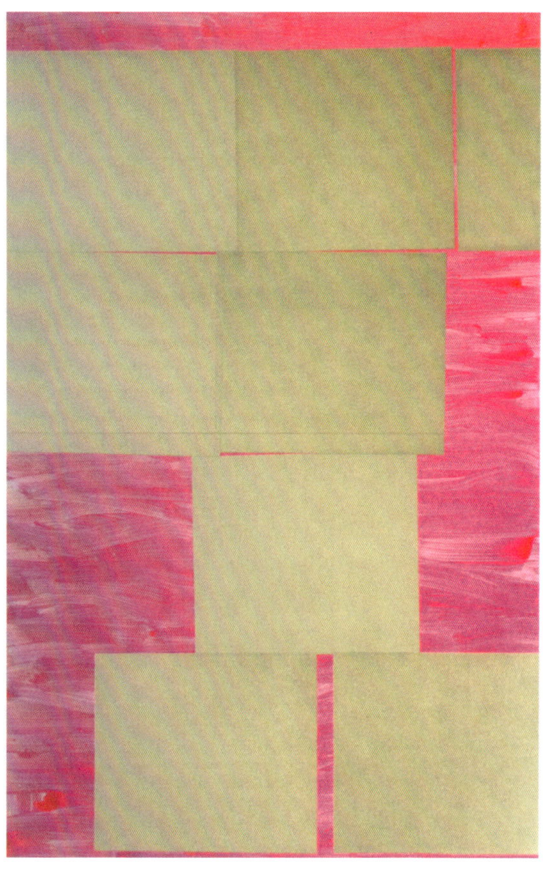

Apparaturen, mit deren Hilfe eine räumliche Situation in ein linearperspektivisch korrektes Bild überführt werden konnte.[2] Es ging darum, auf die naturwissenschaftlichen und ideengeschichtlichen Prämissen hinzuweisen, die der Herstellung illusionistischer Kompositionen seit der Renaissance zugrunde lagen.

Während Duchamp die Konstruiertheit illusionistischer Raum- und Objektdarstellungen in den Mittelpunkt rückt, vergegenwärtigt Grommeks Version der Schokoladenmühle, wie leicht wir der bildnerischen Illusion eines dreidimensionalen Gegenstandes Glauben schenken. Als motivisches Vorbild dient ihm die Rechte der drei Walzen, aus denen Duchamp das Mühlenmahlwerk komponiert. Auf ein dünnes, an den Ecken abgerundetes Holzbrett gemalt, provoziert Grommek den Eindruck eines realen Holzzylinders. Ebenso wie Duchamp thematisiert er damit die Machart suggestiver Bilder und ihr Verhältnis zur außerbildlichen Realität – nur hebt er das Bild durch die übereinstimmende Form von Bildträger und abgebildetem Objekt vor allem in seiner physischen Materialität hervor. Betont durch die unregelmäßig aufgetragenen Binnenlinien der Walze, tritt das Bild hier zudem als individuell Gemachtes in Erscheinung. Grommek nähert sich dem Duchamp'schen Werk damit aus einer Perspektive, die angesichts der Vereinnahmung des Avantgarde-Künstlers im Bereich der Konzeptkunst seit den 1960er-Jahren neue Akzente zu setzen vermag.

IMMANENZ Im Jahr 2000 entsteht eine Serie von Fakes, die auf Siebdrucken von Warhol basieren, etwa auf *Double Silver Disaster* und *Red Race Riot,* beide von 1963. Warhol dienten Fotografien aus der Tagespresse als Vorlage, die er in fotomechanischen Siebdruck-Verfahren reproduzierte – im einen Fall zeigen sie den neu in Betrieb genommenen elektrischen Stuhl und im anderen eine Polizeiaktion gegen schwarze Demonstranten bei Rassenunruhen in Alabama. Innerhalb der Kompositionen wiederholt Warhol einzelne Fotografien. So erscheint bei *Red Race Riot* die eine Fotografie doppelt, die andere sogar sechsfach. Ins Bewusstsein gebracht werden dadurch die Herstellungsprozesse der Massenmedien sowie die Gewöhnung des Publikums an real geschehene Gewaltszenen. Modernistischen Kunstkritikern wie Clement Greenberg waren Warhols Werke ein Dorn im Auge, da die reproduktive Herstellung und die Hinwendung zur Gegenständlichkeit ihrer Forderung nach Originalität und Werkimmanenz zu widersprechen schienen. Dabei erweiterte Warhol lediglich die »fortdauernde Selbstbefragung des Mediums, die Greenbergs Formalismus als Aufgabe der Malerei begriff«,[3] indem er mit der Reproduktion und der Serialität zwei Verfahren entwickelte, die eine Darstellung gegenständlicher Motive erlaubten, ohne die Reflexion der künstlerischen Mittel zu vernachlässigen.

Wenngleich Grommeks Fakes manche kompositorischen Elemente von Warhols Disaster-Bildern ins Gegenteil wenden, stehen sie grundsätzlich in einem affirmativen Verhältnis zu ihren Vorbildern. Die größte motivische Abweichung ergibt sich durch das Ersetzen der fotografischen Reproduktionen durch scheinbar leere Flächen, die Grommek in jener Spanplatten-Optik fasst, die viele seiner Werke bestimmt. Indem sich Grommek bei der Anordnung der Felder, ihren Überlappungen und den Anschnitten eng an die Vorbilder hält, legt er den Akzent auf die Struktur und die Machart von Warhols Siebdrucken. Auf ihren Herstellungsprozess verweisen auch die übrigen Partien, bei denen die Farbigkeit – pink und silber – sowie der ungleichmäßige Farbauftrag des Amerikaners aufgegriffen werden. Während Warhol seine Auseinandersetzung mit den künstlerischen Mitteln auf die Ebene der Bilder konzentriert, reflektiert Grommek auch die Materialität der Bildträger, die er durch das Spanplatten-Motiv in Erinnerung ruft. Dadurch verzichtet er ebenso wenig wie Warhol auf gegenständliche Darstellungsbereiche, sodass auch ihm ein Brückenschlag gelingt zwischen gegenstandsbezogener und werkimmanenter Reflexion.

REALITÄT Mit Robert Ryman wendet sich Grommek 2002 einem Maler zu, dessen Nachdenken über die Wirkung seiner künstlerischen Mittel weit über die Grenzen der Gemälde hinausreicht. Für den Amerikaner liegt die Herausforderung der Malerei nicht in der Frage der Darstellung, sondern im bloßen Umgang mit den Materialien: »The basic problem is what to do with paint.«[4] Seit Beginn seiner künstlerischen Tätigkeit in den 1950er-Jahren kreist Ryman um die materielle Beschaffenheit der malerischen Mittel und ihre Wahrnehmung durch die Betrachter. Die überwiegende Verwendung der Farbe Weiß macht deutlich, dass es ihm um die Sichtbarmachung materieller Nuancen, Tumulte und Harmonien geht und nicht um die Erzeugung von bildnerischer Illusion. Da die Form des Bildträgers, der Aufhängung und des umgebenden Raums ebenfalls Einfluss auf die Wahrnehmung dieser Strukturen hat, schließt Ryman ihre Gestaltung ebenfalls in seine künstlerische Praxis ein.

Grommeks Ryman-Fakes gehen von der Arbeit *Philadelphia Prototype* aus, die 2002 für eine Ausstellung in der Pennsylvania Academy of the Fine Arts realisiert wurde. Dafür befestigte Ryman zehn gelbbraune Vinylfolien mit Klebestreifen auf der Wand. Anschließend bemalte er die Folien über ihre Ränder hinaus in mehreren Schichten mit weißer Acrylfarbe. Da während dieses Prozesses die Klebestreifen an verschiedenen Stellen gelöst und wieder neu appliziert wurden, entstanden auf den Folien wie der Wand schmale Rechtecke und Linien in gelbbrauner oder weißlicher Färbung. Grommek betont die kompositorische Funktion der Klebestreifen-Abdrücke, indem er sie malerisch nachbildet, dabei allerdings ein umgekehrtes Positiv-Negativ-Verfahren anwendet. Dafür klebt er auf einer mit weißem Kunststoff beschichteten Spanplatte schmale rechteckige Felder oder Streifen ab, die er mit weißgrauer Farbe oder der illusionistischen Darstellung einer Spanplatten-Oberfläche ausmalt. Während Ryman die Realität seiner Werke über die Folienränder hinausführt, belässt Grommek sie innerhalb der materiellen Grenzen des Bildes. Durch die Verknüpfung der physisch-materiellen mit einer illusionistischen Ebene erweitert er den Realitätsbezug der Ryman'schen Werke um eine malerische Dimension, die der Amerikaner mied, die Grommek zu-

folge jedoch einen ebenso großen Realitätsanspruch erheben kann wie das bemalte Material. Entsprechend bemerkte er in einem Interview mit Damien Hirst: »Malen ist real (der Prozeß) und ein Bild ist real, Holz ist real und gefaktes Holz ist real.«[5]

IMPROVISATION Die Auseinandersetzung mit Vorbildern der abstrakten Malerei führt Grommek 2005 in einer Reihe von Werken fort, deren Farbigkeit und rechtwinklige Kompositionen an Gemälde von Piet Mondrian angelehnt sind. Kontinuität

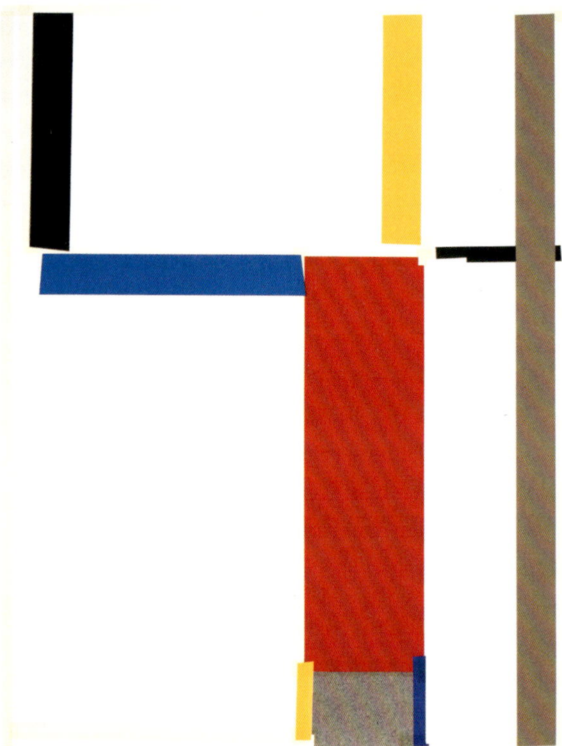

gegenüber den Ryman-Werken beweist er auch hinsichtlich der malerischen Ausführung. So wirken die farbigen Felder und Linien wie auf weißem Grund befestigte Klebestreifen, und an der unteren Bildkante befindet sich ein kleines Rechteck mit Spanplatten-Motiv. In einem 1917 in der Zeitschrift *De Stijl* veröffentlichten Artikel hatte Mondrian die Entwicklung einer neoplastizistischen Malerei gefordert, die auf einer vollkommenen ausgewogenen Anordnung von Geraden und Rechtecken in schwarz, weiß und den Primärfarben basiert.[6] In diesen zugleich asymmetrischen und ausbalancierten Kompositionen lag für Mondrian der Keim einer Gesellschaftsordnung, die nicht nur ausgewogen und gerecht war, sondern zudem mit universellen Kräften korrespondierte.

Grommeks Fakes verbleiben zwar im Form- und Farbkanon der Mondrian'schen Vorbilder, seine Abweichungen stellen jedoch den Anspruch auf Perfektion und universelle Gültigkeit in Frage, der Mondrians Schaffen bestimmt. So bilden die farbigen Linien und Rechtecke kein ausgewogenes, eng verbundenes Raster, sondern eine zerstückelte Struktur. Häufig sind die Streifenenden schräg abgeschnitten, sodass sie der Forderung einer strikt orthogonalen Komposition entgegenlaufen. Mit dem braunen Streifen am rechten Rand wählt Grommek eine Farbe, die nicht zuletzt aufgrund der Assoziation mit dem Nationalsozialismus deplatziert erscheint. Schließlich verstärkt sich die Wirkung des Ungeordneten, Improvisierten und Unpassenden durch die scheinbar unbemalte Spanholz-Fläche am unteren Bildrand. Durch die spielerisch-freien Abweichungen bildet Grommeks Werk einen Gegensatz zu den strengen Kompositionen Mondrians und lenkt so den Blick auf die geschlossenen, bisweilen autoritären Strukturen, die den Gemälden des Niederländers trotz seines Anspruchs auf internationale, ja universale Gültigkeit zugrunde liegen.

WIDERSPRUCH Als letztes Beispiel soll auf die Arbeit *Tilt* eingegangen werden, die Grommek 2005 nach dem Vorbild des 1965 entstandenen Gemäldes *Flipper* von Blinky Palermo schuf. Anders als die geometrische Struktur vermuten lässt, liegt Palermos Komposition kein übergeordnetes System zugrunde. Vielmehr stammt das Motiv aus seinem persönlichen Umfeld, da ein ähnliches Muster die Seitenflächen eines Flipper-Automaten in seiner Stammkneipe zierte. Palermo verbindet hier die Trivialität des Motivs mit seiner Kritik an der Ordnung und dem Objektivitätsanspruch der modernen geometrischen Abstraktion. So bringt er die Strenge und Vorhersehbarkeit des quadratischen Rasters durch den Anschnitt an der linken Bildkante aus dem Gleichgewicht. Wie Bernhart Schwenk bemerkt, trat Palermo seinem Zweifel an den Theorien der Moderne »mit Ironie entgegen, indem er in seinen Bildern gerade das Unregelmäßige, Individuelle und Fragmentarische herausstellte«.[7]

Blinky Palermos Zweifel korrespondiert eng mit Grommeks augenzwinkernder Kritik am Dogmatismus von Mondrians abstrakter Malerei. Allerdings scheint Grommek das Konzept von *Flipper* nicht weit genug zu führen, sodass er es mit *Tilt* einer grundlegenden Revision unterzieht. Das blaue Linienraster wird im Fake gänzlich zerstückelt, einige disharmonische Farben hinzugefügt und die Farbgebung der Quadrate geändert. Zudem wirkt das Gemälde an vielen Stellen unvollendet, weisen doch einige Flächen die bereits vertraute Spanplatten-Optik auf. Grommek erweitert die präzise Unausgewogenheit von Palermos Komposition um eine Ästhetik des Trashs und der Zerstörung. Auf Letztere verweist insbesondere der Titel, da ein Flipper-Automat das Spiel in dem Moment mit dem Signal »Tilt« abbricht, wenn man versucht, die Kugel mit allzu heftiger Manipulation des Automaten in die richtige Bahn zu lenken. In seiner Kombination von geometrischer Struktur und widersinniger Unordnung hätte dieses Werk sicherlich die dadaistischen Kreise um Kurt Schwitters und Theo van Doesburg entzückt, deren Schaffen sich zwischen diesen Polen bewegte. Denn ebenso wie in den Arbeiten jener Künstler der Avantgarde geht es hier um die Widersprüchlichkeit des menschlichen Umgangs mit dem Leben.

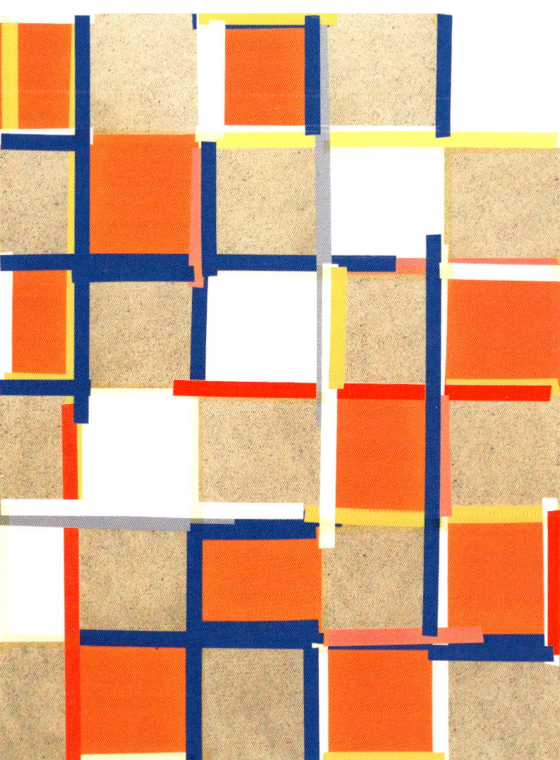

Mit Blick auf Grommeks kunsthistorische Exkursionen lässt sich generell die Behauptung aufstellen, dass in ihnen das Zusammentreffen widersprüchlicher Elemente im Mittelpunkt steht. Ob bei der *Schokoladenmühle* von Duchamp, den Disaster-Bildern Warhols oder Rymans materiellen Abstraktionen, ob bei den geometrischen Abstraktionen Mondrians oder Palermos Abstraktionspersiflage, stets handelt es sich bei den Vorbildern um Werke, die das Verhältnis von Realität, Bild und Material umkreisen und damit ihre eigenen Mittel hinterfragen. In seinen Fakes erweitert Grommek dieses reflexive Potenzial, indem er irritierende und ironisierende Widersprüche in die Motive einbaut.

ANMERKUNGEN 1 Stefan Römer, *Kritik von Original und Fälschung. Künstlerische Strategien des Fake*, Köln 2001, S. 14. 2 Herbert Molderings, *Kunst als Experiment. Marcel Duchamps »3 Kunststopf-Normalmaße«* (*Passarelles* 8), München und Berlin 2006, S. 36. 3 Michael Lüthy, »Die scheinbare Wiederkehr der Repräsentation. Ambivalenzstrukturen in Warhols frühem Werk«, in: *Andy Warhol. Paintings 1960–1986*, hrsg. von Martin Schwander, Ausst.-Kat. Kunstmuseum Luzern, Ostfildern-Ruit 1995, S. 32. 4 Zit. nach *Fundamentele schilderkunst. Fundamental Painting*, hrsg. von Eliane de Wilde, Ausst.-Kat. Stedelijk Museum Amsterdam 1975, S. 64. 5 »Sich als echt erweisende Malerei. Ein Interview mit Joachim Grommek von Damien Hirst«, in: *Joachim Grommek – Flecken*, Ausst.-Kat. Galerie Michael Haas, Berlin 1994, o. S. 6 Vgl. Piet Mondrian, »De nieuwe beelding in de schilderkunst« (3. Teil), in: *De Stijl*, 1, 4. Januar 1918, S. 29–31. 7 Bernhart Schwenk, *Palermo*, hrsg. von den Bayerischen Staatsgemäldesammlungen München, Ostfildern-Ruit 2001, S. 26.

»ICH HÄTTE AUCH GRÜNE BILDER MALEN KÖNNEN ...« *Susanne Pfleger im Gespräch mit Joachim Grommek*

Joachim Grommeks Arbeiten stellen unsere Wahrnehmung auf die Probe und sind ein subtiler Kommentar zu Grundfragen der Malerei. Die auf den ersten Blick der geometrischen Abstraktion verpflichteten Gemälde scheinen vertraut und entziehen sich gleichzeitig jeder Einordnung. Bunte Klebestreifen unterschiedlicher Breite überziehen den Bildträger Spanplatte. Dabei handelt es sich um ein klassisches Trompe l'œil, denn der Künstler malt die scheinbar applizierten Klebebänder in einem aufwändigen Verfahren auf eine Spanplatte, die er weiß grundiert und nochmals als Spanplatte malt. In den jüngsten Arbeiten wählt Grommek auch Aluminium als Träger und lotet Möglichkeiten größerer Formate aus. Die Gemälde wie auch die raumbezogenen Installationen sind Zeugnis einer kontinuierlichen künstlerischen Recherche, die die Kunst selbst auf den Prüfstand stellt. Anlässlich der Ausstellung *Grommek – Malerei 3000* in der Städtischen Galerie Wolfsburg führte Susanne Pfleger ein Gespräch mit Joachim Grommek in seinem Berliner Atelier.

SUSANNE PFLEGER: Ein Leitthema unseres Ausstellungsprogramms in der Städtischen Galerie Wolfsburg ist das »Sehen lernen«. Der Akt des Sehens kann Einsichten – im Sinne von Erkenntnis – vermitteln. Deine Arbeiten fordern ausdrücklich zum aufmerksamen Schauen heraus. Verfolgst Du damit eine Strategie?

JOACHIM GROMMEK: Im Grunde das Gegenteil – ich möchte, dass die Malerei wie eine Camouflage wirkt, dass man sie gar nicht sieht. Die Arbeiten sollen erst einmal als Bild funktionieren. Durch den Trompe-l'œil-Effekt kann ich mir erlauben, dass die kompositionelle Ausführung nicht akkurat erscheint – und das mit Absicht. Die geometrische Struktur weist Brüche auf, eine gewisse Asymmetrie ist also bildnerisches Prinzip. Mein Konzept sieht nicht vor, dass der malerische Fake vom Betrachter sofort erkannt wird. Kleine Hinweise können ihn dann irritieren: zum Beispiel die partielle weiße Farbe an den Bildkanten. Warum ist da Farbe, wenn doch der erste Blick suggeriert, Klebestreifen seien auf eine Spanplatte geklebt? Die hat da nichts zu suchen! Und dann wird die Bildoberfläche akribisch untersucht. Hier wird bestenfalls ein Prozess in Gang gesetzt, der die Kunst im Allgemeinen charakterisiert: Entweder nimmst Du etwas richtig wahr oder gar nicht. Der eine sieht irgendetwas, der andere sieht es nicht.

S. P.: Du hast schon immer diesen konzeptuellen Ansatz verfolgt. Gab es eine bewusste Entscheidung für diese künstlerische Haltung?

J. G.: Nein, dieser Prozess ergab sich. Zu Beginn der 1980er-Jahre habe ich zunächst Pappe so bemalt, dass sie wie verrosteter Stahl aussieht, und sie dann mit Tesakrepp an die Wand gehängt. Das war ziemlich lustig, weil eine Stahlplatte schon allein vom Gewicht herunterfallen würde. Dann habe ich Holzstrukturen auf Leinwand oder Holz gemalt, also Bilder, deren Oberflächen perfekter aussehen sollten als reales Holz – ohne Makel, ohne Astlöcher. Als Vorlage diente mir dabei Resopal, also schon gefaktes Holz. Auch hier verweist die über die Kanten verlaufende weiße Grundierung auf den Fake. Diese Nachahmungen sind von den Maßen her Stellvertreter für Bilder. In

Kunstbedarfsläden gibt es kleine Tabellen für Formate von Landschafts-, Porträt- und Figurenbildern, und diese Formate habe ich verwendet, sodass die Holzimitate stellvertretend für die vorgegebenen Sujets stehen, also als Bilder zu betrachten sind. Ich habe mich damals entschieden, nicht irgendetwas zu malen, ohne zu wissen was, weil ja eigentlich alles schon gemalt ist. Darum malte ich unter anderem Holz nach. Ich hätte auch grüne Bilder malen können oder gelbe.

S. P.: Woher rührt Deine Vorliebe für Spanplatten?

J. G.: Schon als Kind, so mit fünf oder sechs Jahren, habe ich meine ersten Schier aus Spanplatten gebaut, sie mir unter die Füße geschnallt und bin damit über den Schnee gelaufen. Gleiten konnte ich damit so gut wie gar nicht, aber das war mir egal – ich hatte Schier. Später baute ich Lautsprecher-Boxen und Möbel aus Spanplatte. Ich habe viel mit Spanplatten experimentiert, das war das billigste Material.

S. P.: Aber mittlerweile benutzt Du auch andere Materialien …

J. G.: Ich habe vor zwei Jahren angefangen, Aluminium als Bildträger zu verwenden. Folienreste, wie sie beim Plotten von Schriftzügen oder Logos in der Werbebranche anfallen, dienen mir dabei als Vorlagen. Dabei handelt es sich meist um geometrische Formen. Durch die neue Zusammenstellung der farblich unterschiedlichen Folienreste ergeben sich Bildstrukturen, die die ursprüngliche Intention des Stanzvorgangs, zum Beispiel das Plotten eines bestimmten Buchstabens oder auch Fragmente von allgemein bekannten einfachen Piktogrammen oder Symbolen aus dem Alltag erkennen lassen. Die Haptik auf der Aluminiumoberfläche vermittelt den Eindruck einer Klebefolie, aber es ist wieder alles gemalt, auch die Überlagerungen der Folienreste. Bei der Aluminium-Oberfläche handelt es sich dieses Mal aber nicht um eine Nachahmung, die habe ich so belassen, um eine umgekehrte Irritation hervorzurufen. Jeder, der den Fake mit den Klebestreifen auf den Spanplatten erkannt hat, geht natürlich davon aus, dass auch hier die Oberfläche des Bildträgers imitiert ist.

S. P.: Bei den Spanplatten-Bildern ist alles gemalt, die Spanplatten-Oberfläche und die Klebestreifen?

J. G.: Ja, hier wird eine Spanplatte weiß grundiert, partiell oder komplett, dann in deren Oberflächen-Optik bemalt. Danach rolle ich die Farbflächen, die aussehen wie Folien oder aufkaschiertes Papier. Zum Schluss male ich die unterschiedlich breiten, farbigen und transparenten Klebestreifen. Hier beginnt oder endet die eigentliche Komposition.

S. P.: Wie triffst Du die Farbauswahl?

J. G.: Ich mache auf kleinen Kärtchen Notizen, mit Farbkombinationen aus der Werbung oder von LKW-Planen. Aber oft ist es so, dass ich diese sammle und dann gar nicht einsetze. Die Farben habe ich meist im Kopf, und ich kombiniere sie dann relativ spontan. Wird eine Fehlentscheidung der Farbe getroffen, sei es bei den Flächen oder vermeintlichen Klebestreifen, kommen wie zu Beginn auch echte, verschiedenfarbige und breite Klebestreifen zum Einsatz, die ich so lange hin und her klebe, bis die Komposition für mich in Ordnung oder auch in Unordnung ist. Das halte ich dann fotografisch fest und male jetzt die »neuen« Klebestreifen auf das Bild. Eine Farbkombination kann man nicht pauschal festlegen. Es kann sein, dass bei einem Bild eine Blau-Rot-Abfolge funktioniert und bei einem anderen wiederum nicht. Die Farbwahl hängt natürlich auch von den Proportionen der einzelnen Flächen ab, ob es sich zum Beispiel um einen schmalen oder breiten »Klebestreifen« handelt.

S. P.: Deine Arbeiten haben selten Titel …

J. G.: Wenn mir spontan einer einfällt, dann erhalten die Arbeiten einen Titel. Zum Beispiel gibt es ein Bild von 2006, das heißt *P. A. without Mirror* (Pamela Anderson without Mirror). Der Titel kam mir irgendwie in den Sinn und schien zu passen – bis heute. Ich suche nicht zwanghaft nach einer Betitelung. Die meisten Bilder haben daher keinen Titel, einige Serien sind nummeriert.

S. P.: Ausgehend von den zweidimensionalen gemalten Spanplatten besetzt Du auch den Raum. Welche Bedeutung haben die raumbezogenen Installationen?

J. G.: Diese Arbeiten sind noch unauffälliger und werden zunächst gar nicht als Kunst wahrgenommen. An einer Installation, die nur beiläufig inszeniert wirkt, geht man eher vorbei, weil eine derartige beliebige Präsentation in einem Museum unüblich ist. Meine Installationen haben einen provisorischen Charakter: Spanplatten scheinen nur rudimentär bestrichen, lehnen an der Wand, als ob Renovierungsarbeiten im jeweiligen Raum noch nicht abgeschlossen sind. Vielleicht denkt man auch: Haben die den Aufbau nicht geschafft? Oder, wenn im Raum eine Bank aus Spanplatte steht, vermuten einige, haben die kein Geld für eine »anständige« Bank? Das sind aber schon weiterführende Gedanken, die die wenigsten Betrachter beschäftigen. Die meisten Installationen sind so beiläufig präsentiert, dass sie den meisten Besuchern gar nicht auffallen. *Bitte stehen lassen …* (2005) ist eine solche installative Arbeit. Hier lehnt eine Spanplatte, auf deren Oberfläche ich malerisch die Spanplatten-Struktur imitiert habe, an der Wand. Auf einem zwischen Wand und Platte gehefteten Zettel steht die Notiz: »Bitte stehen lassen. Wird morgen abgeholt.« Einerseits denkt man an Arbeitsmaterial, das vergessen worden ist, andererseits ist jedem Betrachter klar, dass es sich bei allen Gegenständen, die in einem Ausstellungsraum eines Museums hängen oder stehen, um Kunst handelt. Der Satz auf dem Zettel könnte also frei nach dem Motto gedeutet werden: Stehen lassen, ist Kunst! Gleiches gilt auch bei dem auf Wand gemalten braunen Klebestreifen, auf dem mit blauem Filzstift ein Fragezeichen geschrieben ist *(Ohne Titel,* 2011).

S. P.: Kann man sich auf Deiner Bank *sitting, waiting, wishing* (2004) auch ausruhen?

J. G.: Alles, das optisch wie Spanplatte aussieht, ist natürlich gemalt. Die Sitzfläche ist bis auf einen schmalen Streifen beige lackiert, man darf sich daraufsetzen.

S. P.: Schwingt in Deinen Arbeiten auch eine gewisse Kritik am Ausstellungswesen mit? Wie ist das zum Beispiel bei der Installation mit den Sockeln?

J. G.: Eine gewisse Kritik spielt sicherlich auch eine Rolle. Bei der Sockel-Installation (2006) zum Beispiel sind die Oberflächen derart bearbeitet, dass auf einer weißen Fläche Aussparungen zu erkennen sind, die wieder die Struktur einer Spanplatte offenlegen. Es sieht so aus, als hätte jemand die Sockel gestrichen, obwohl schon Objekte darauf standen, und um sie herum gemalt, sodass hier und da etwas weiße Farbe daruntergelaufen ist. Die Objekte sind jetzt wohl beim Restaurator, weil sie dadurch beschädigt wurden. Der Fantasie sind keine Grenzen gesetzt, jeder kann sich überlegen, was auf den jeweiligen Sockeln einmal gestanden hat. Ein runder Abdruck scheint auf eine Vase zu verweisen. Oder war es doch eine Büste? Man kann sich alle Objekte vorstellen, die man aus dem Museumsbetrieb kennt. Die Sockel entdeckte ich zufällig auf dem Dachboden des Kunstverein Springhornhof, und ich bekam die Idee zu dieser Installation, weil ich vorher in umgekehrter Weise gearbeitet hatte. Ich hatte Papier auf gemalte Spanplatte geklebt, weiß grundiert und dann wieder entfernt. Dadurch waren eben auch solche Ränder zu sehen. Bei der Sockel-Installation habe ich dagegen zunächst die Stellfläche weiß grundiert, dann die Aussparungen daraufgemalt, diese provisorisch abgeklebt und zum Schluss noch einmal weiß grundiert, sodass etwas Farbe hineinläuft.

S. P.: Für mich offenbaren Deine Werke oft einen ironischen Aspekt. Welche Rolle spielt Humor?

J. G.: Ohne Humor kann man meine Arbeiten gar nicht betrachten. Kunst muss Spaß machen, sowohl in der Produktion wie auch in der Betrachtung, ansonsten macht sie keinen Sinn. Das haben mir unter anderem sowohl Duchamp als auch Palermo gesagt.

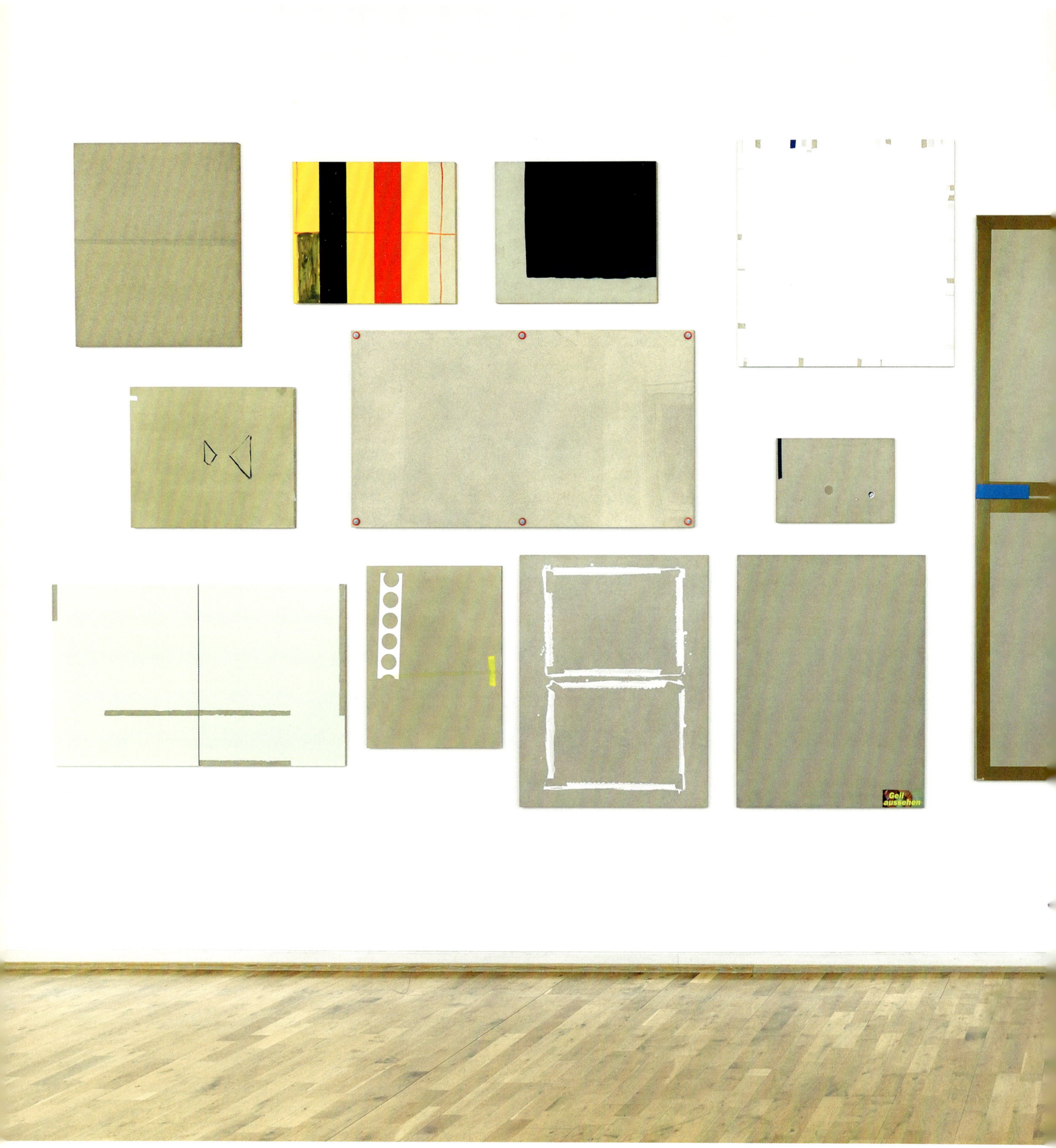

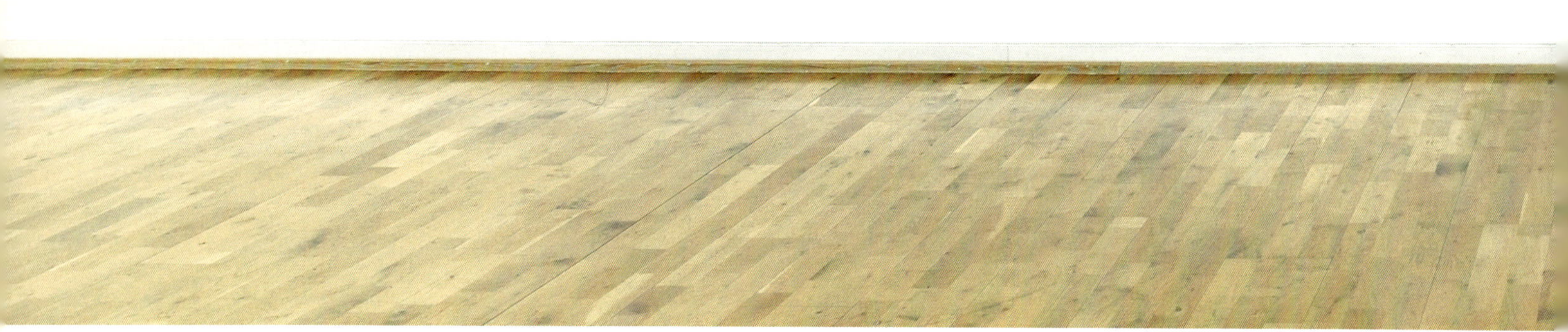

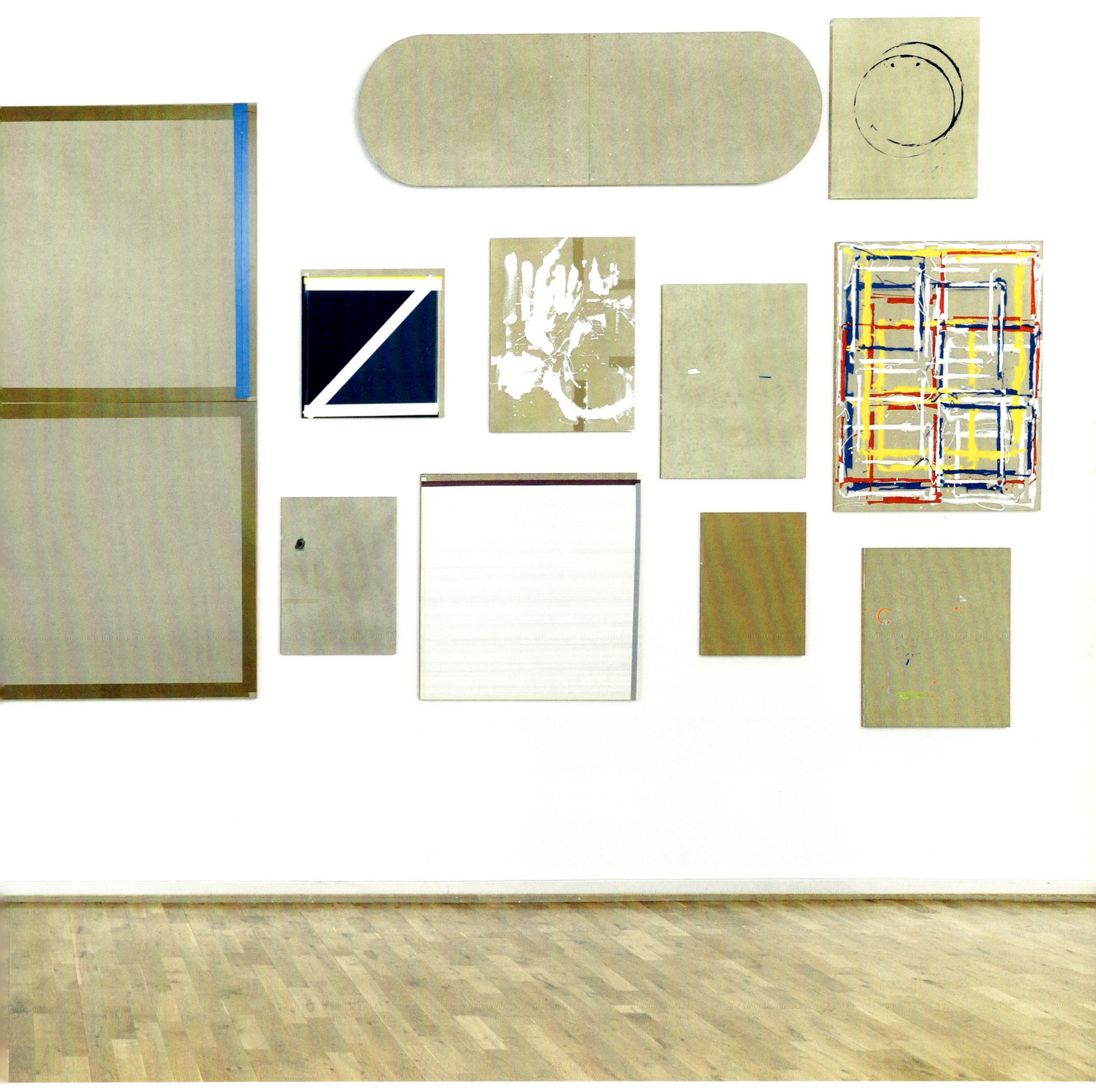

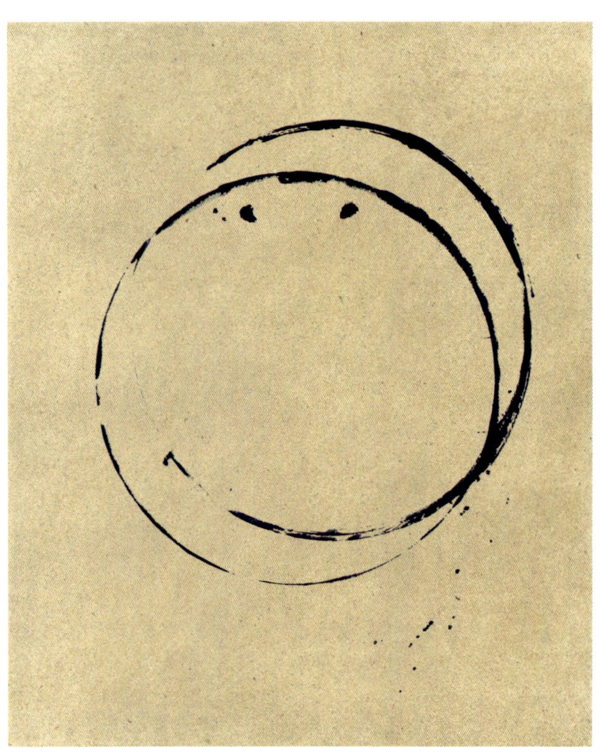

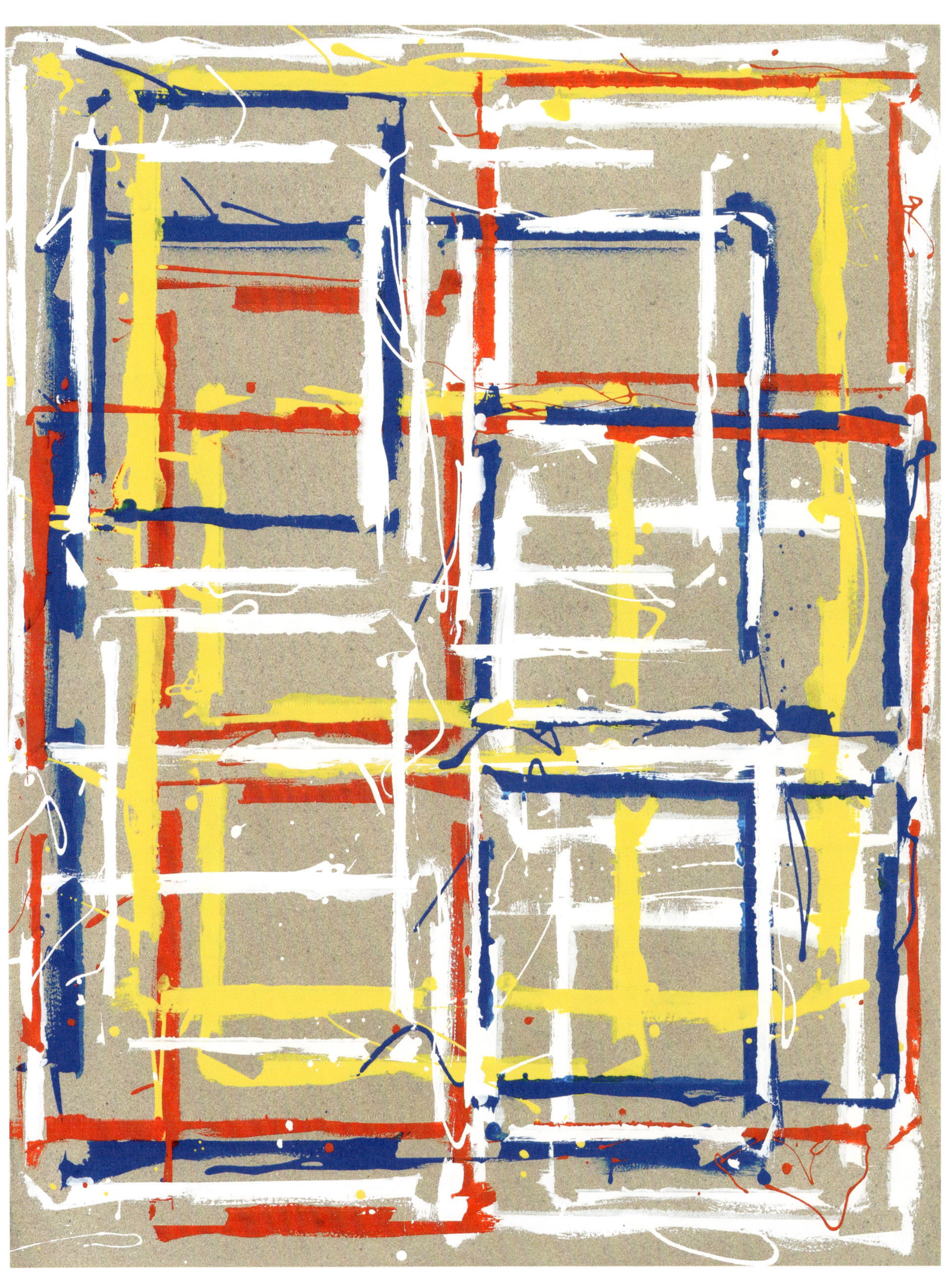

Batman, 2009/10

o. T. / Untitled, 2011

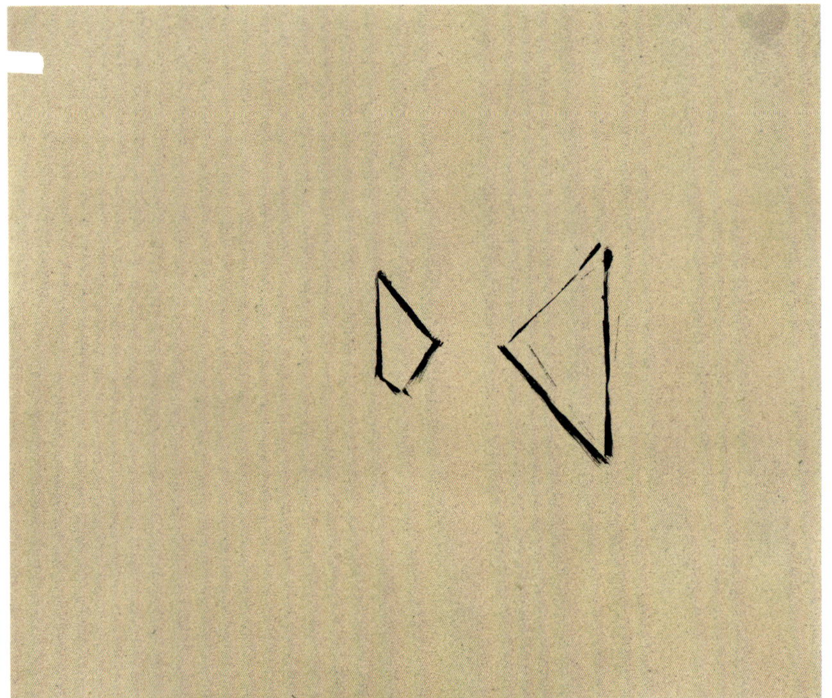

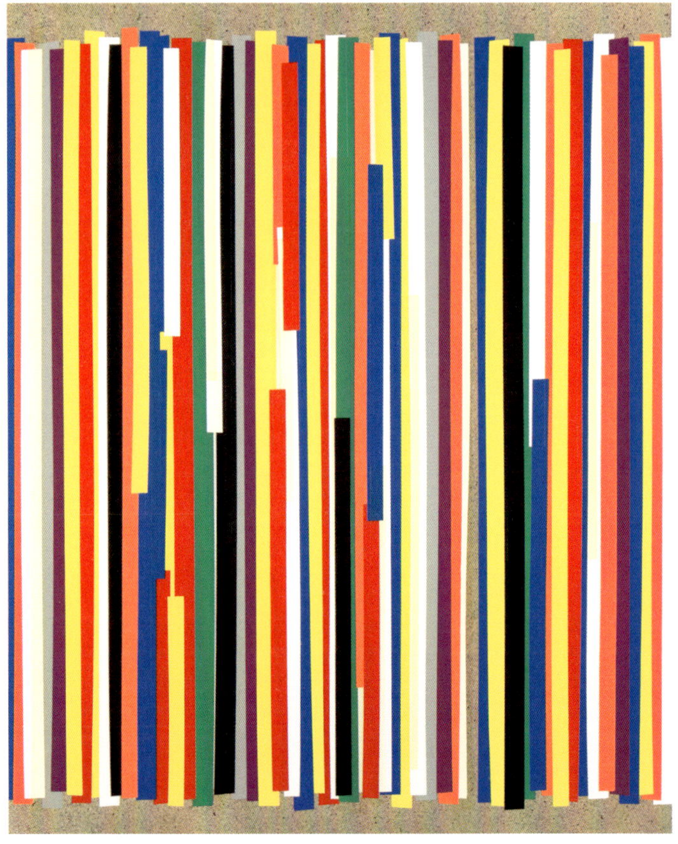

o. T. / *Untitled*, 2009/10

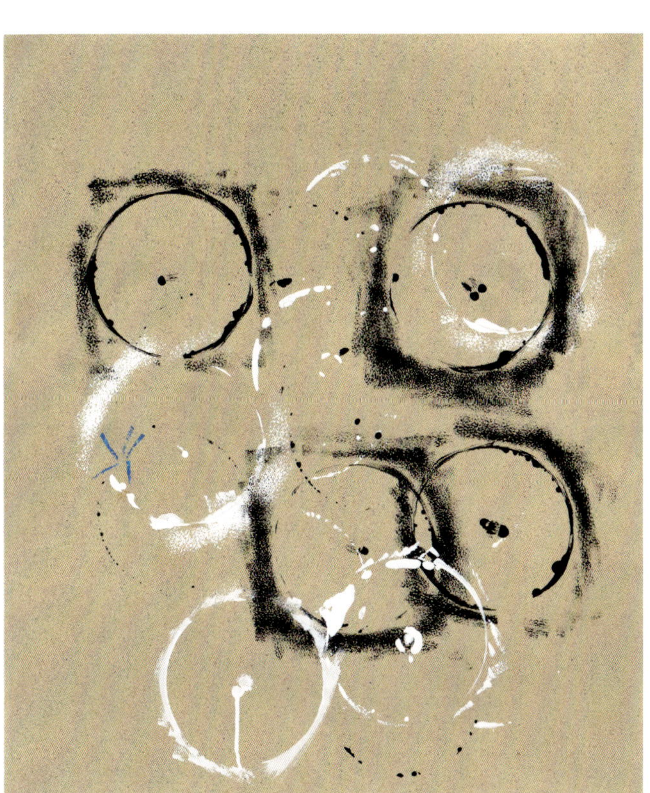

o. T. / *Untitled*, 2009

o. T. / *Untitled*, 2009

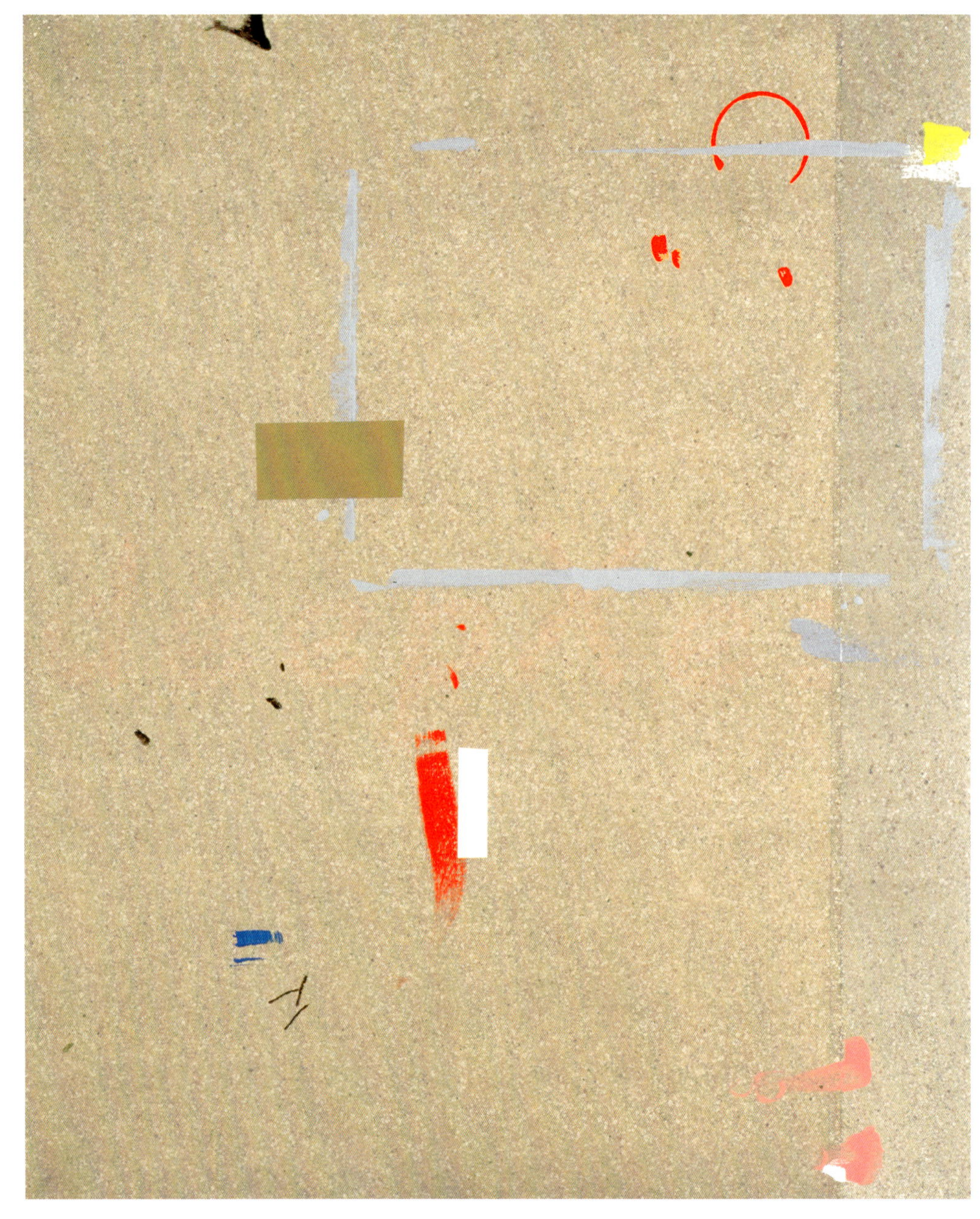

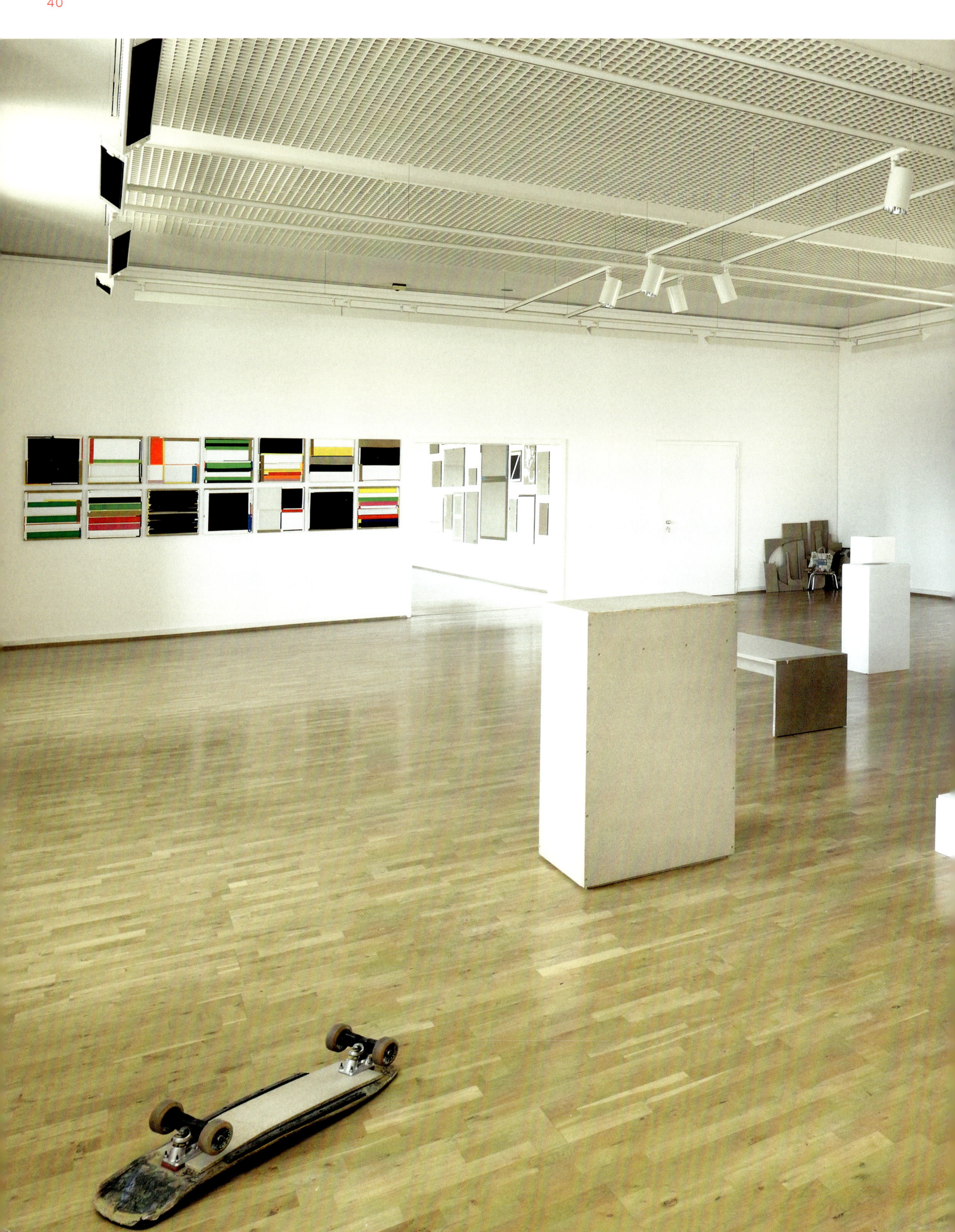

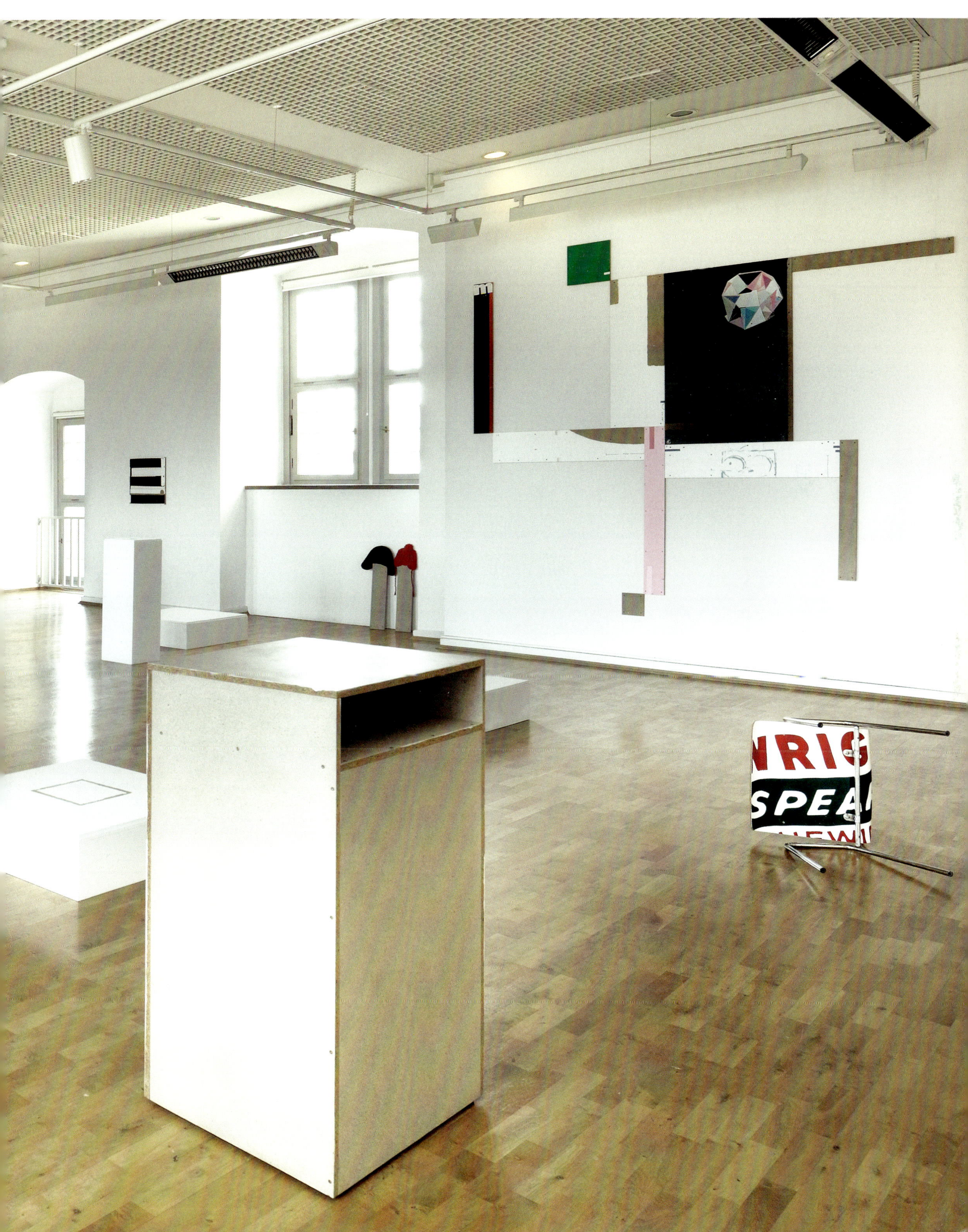

Ausstellungsansicht / Exhibition view, Städtische Galerie Wolfsburg, 2011

o. T. / Untitled # 120, 2009
o. T. / Untitled # 141, 2010

o. T. / Untitled # 132, 2010
o. T. / Untitled # 155, 2010 / 11

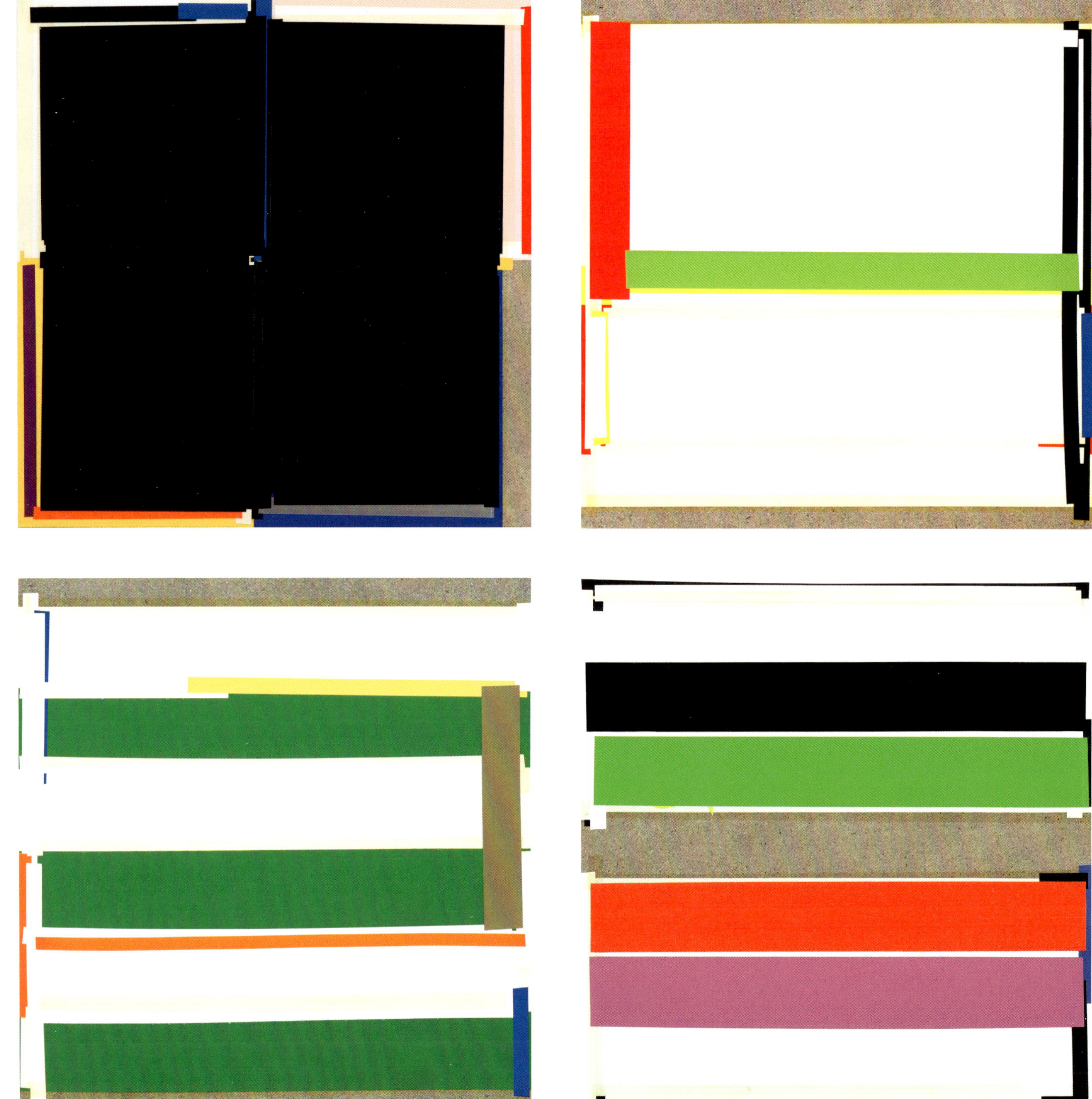

o. T. / Untitled # 119, 2008
o. T. / Untitled # 150, 2010 / 11

o. T. / Untitled # 154, 2010 / 11
o. T. / Untitled # 136, 2010

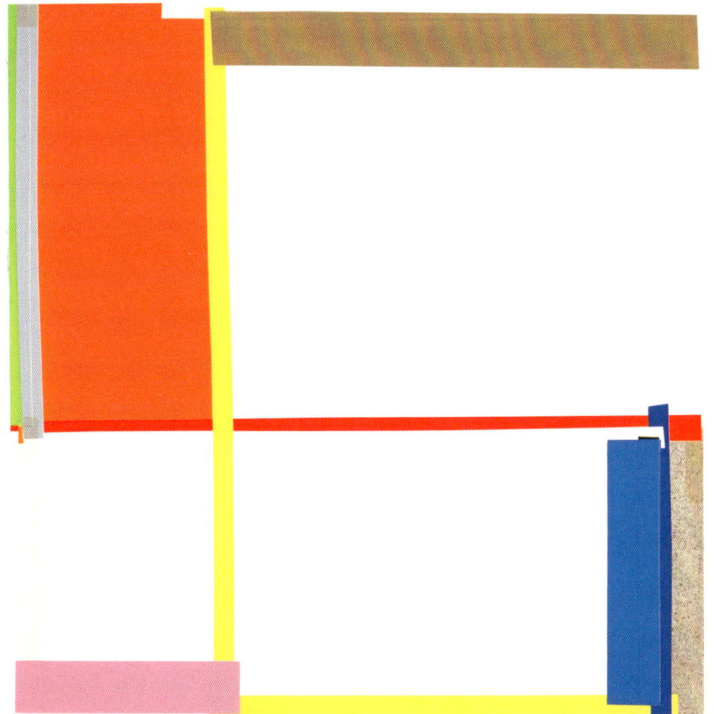

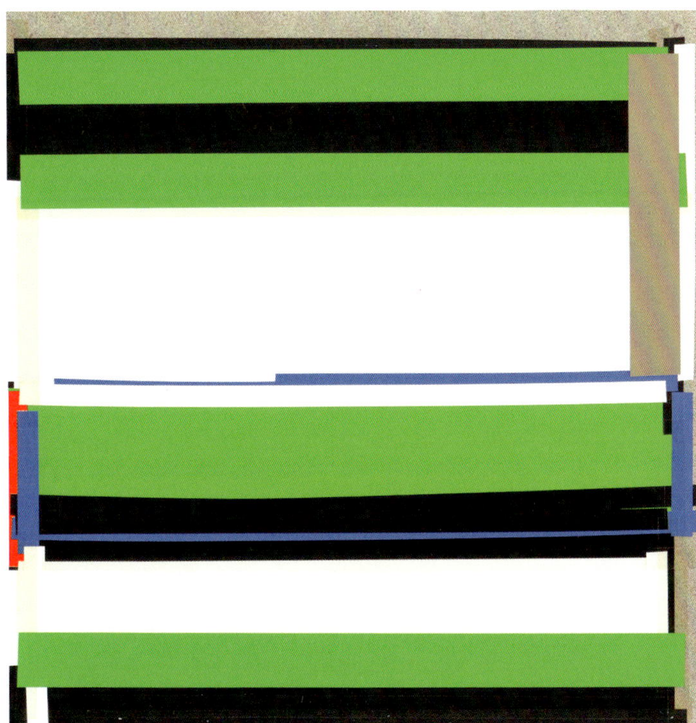

o. T. / Untitled # 130 (Polaroid V), 2009
o. T. / Untitled # 123, 2009

o. T. / Untitled # 140, 2010
o. T. / Untitled # 151, 2010 / 11

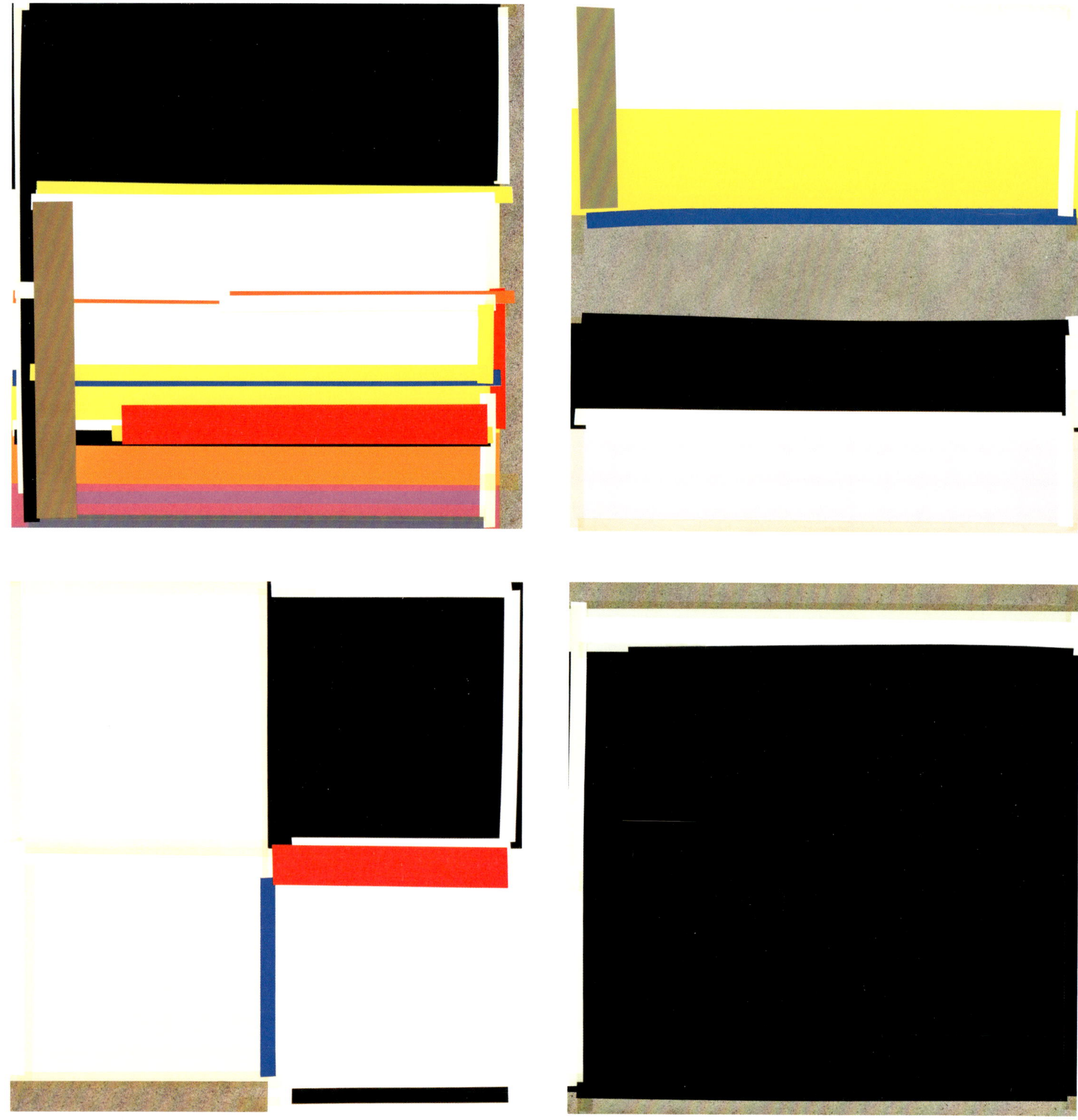

o. T. / Untitled # 153, 2010 / 11
o. T. / Untitled # 152, 2010 / 11

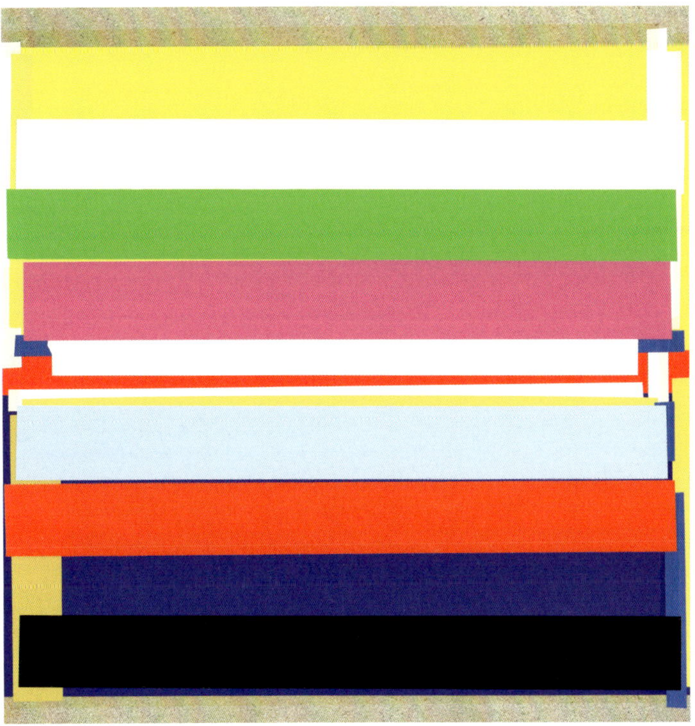

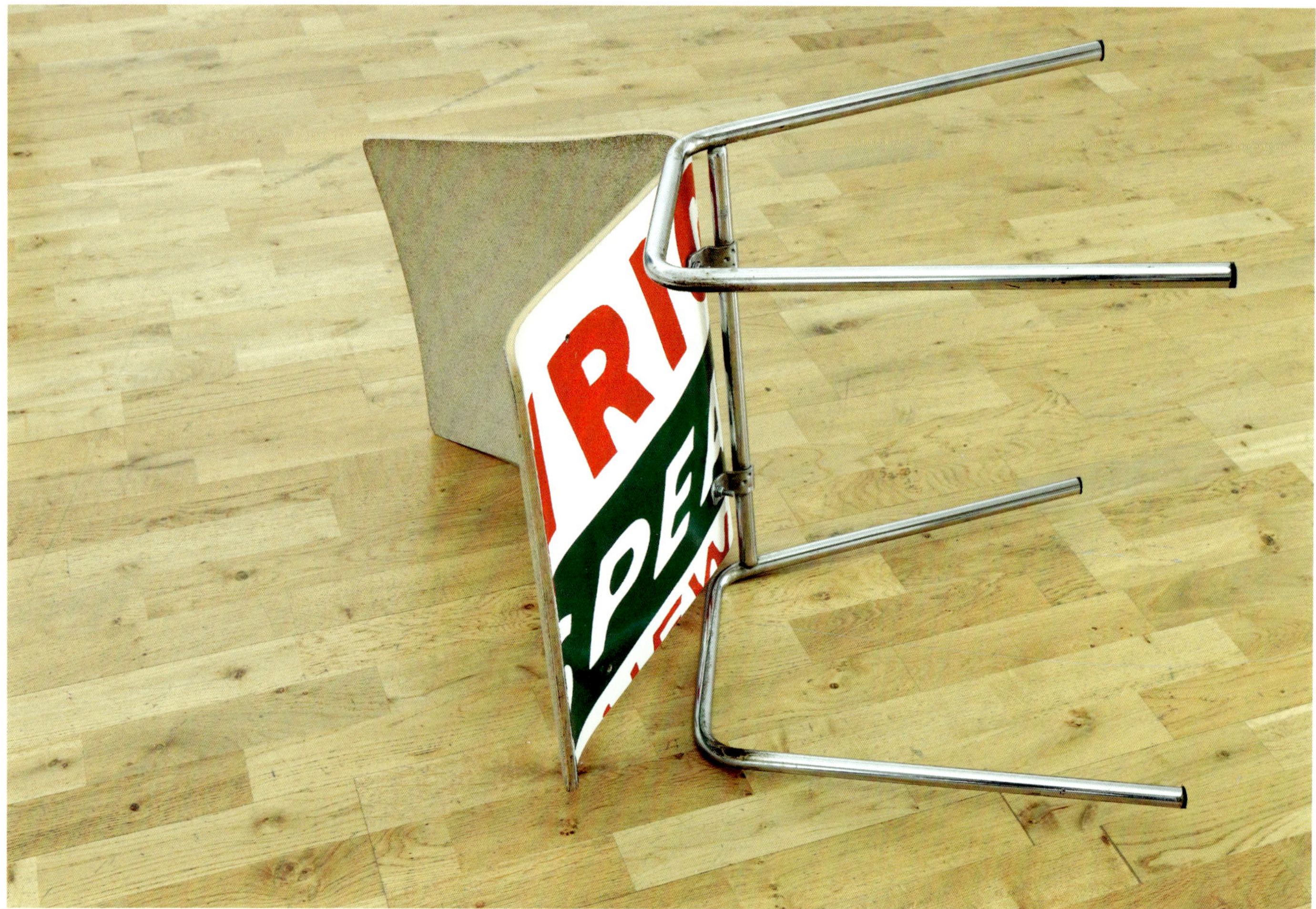

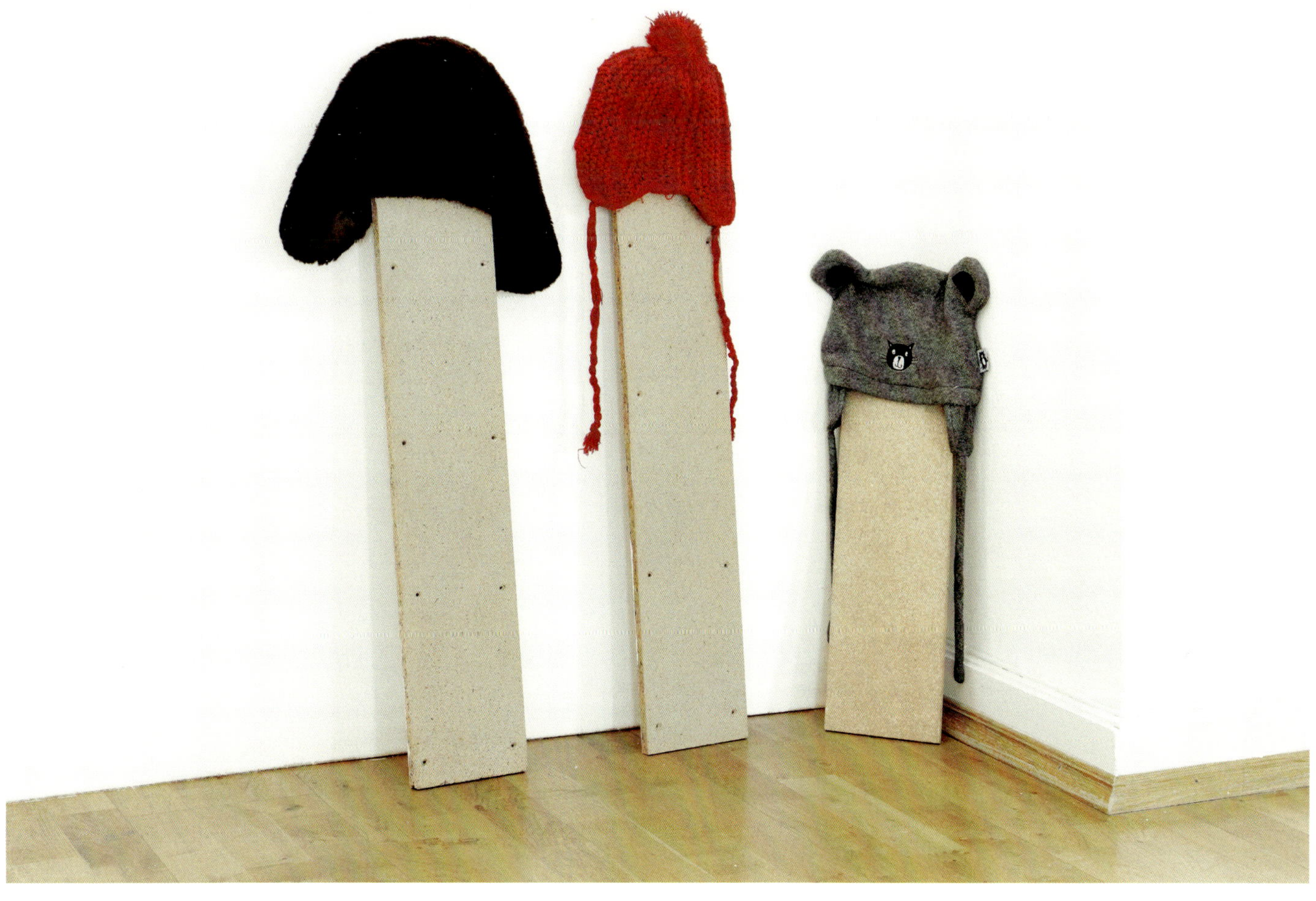

o. T. / Untitled, 2000

o. T. / Untitled, 2001
Video I, 2002

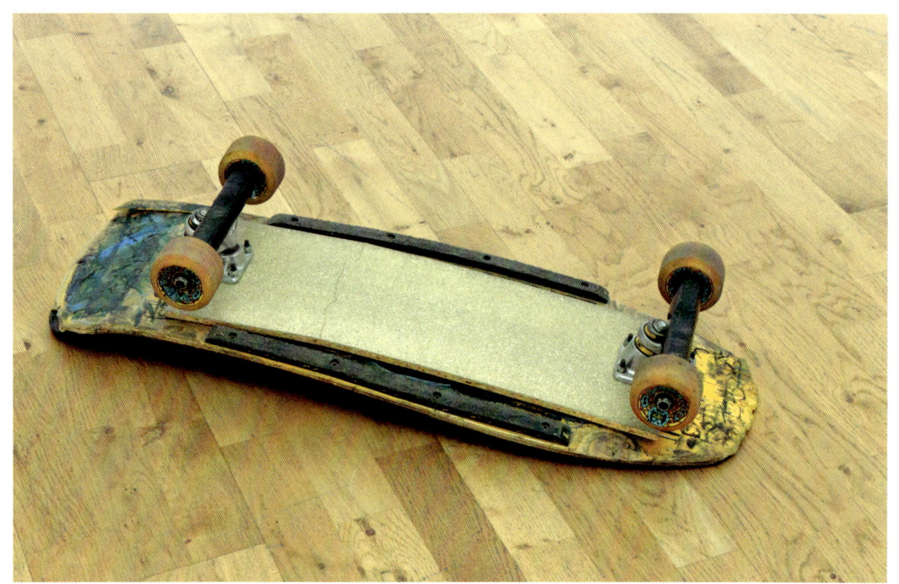

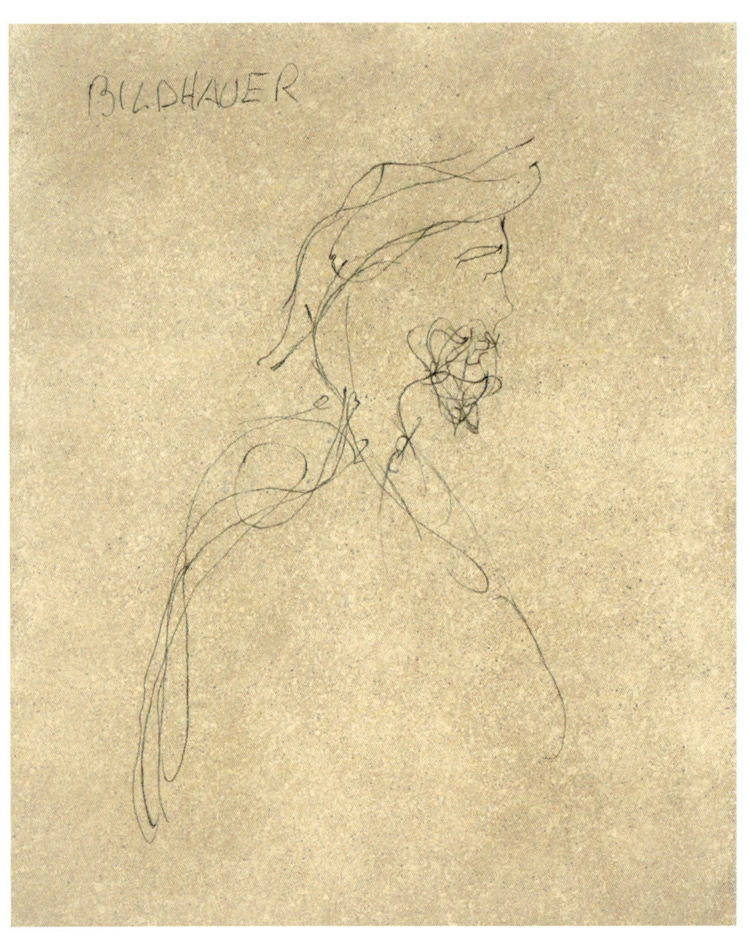

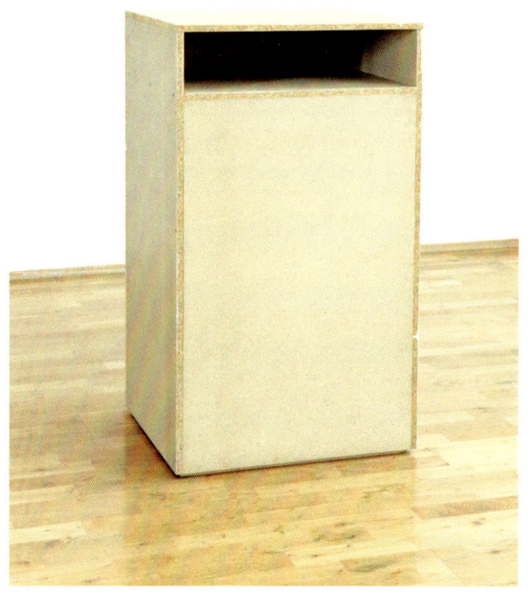

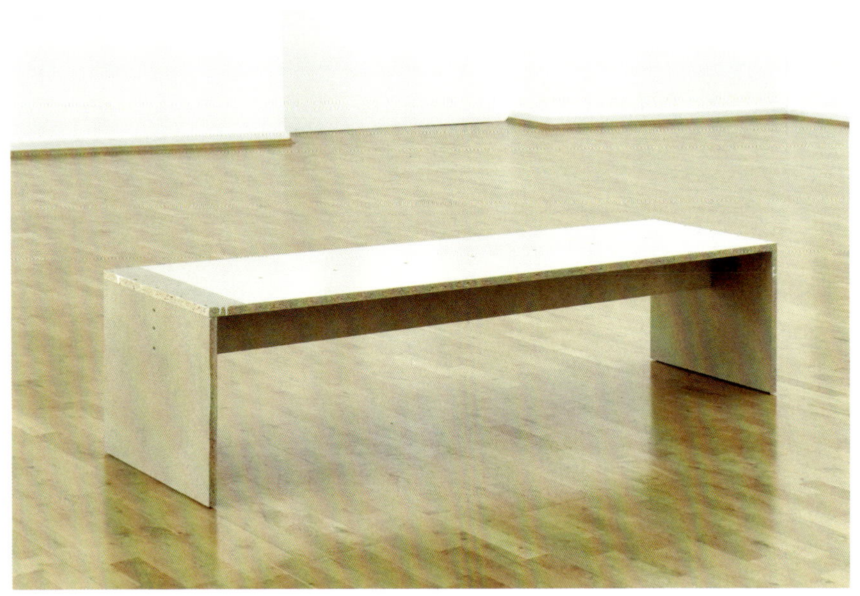

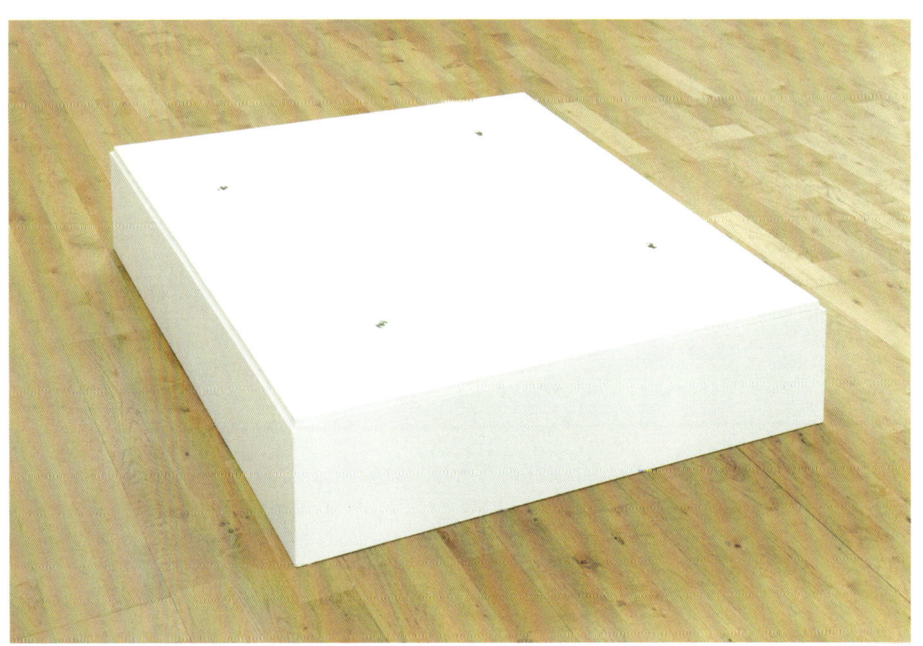

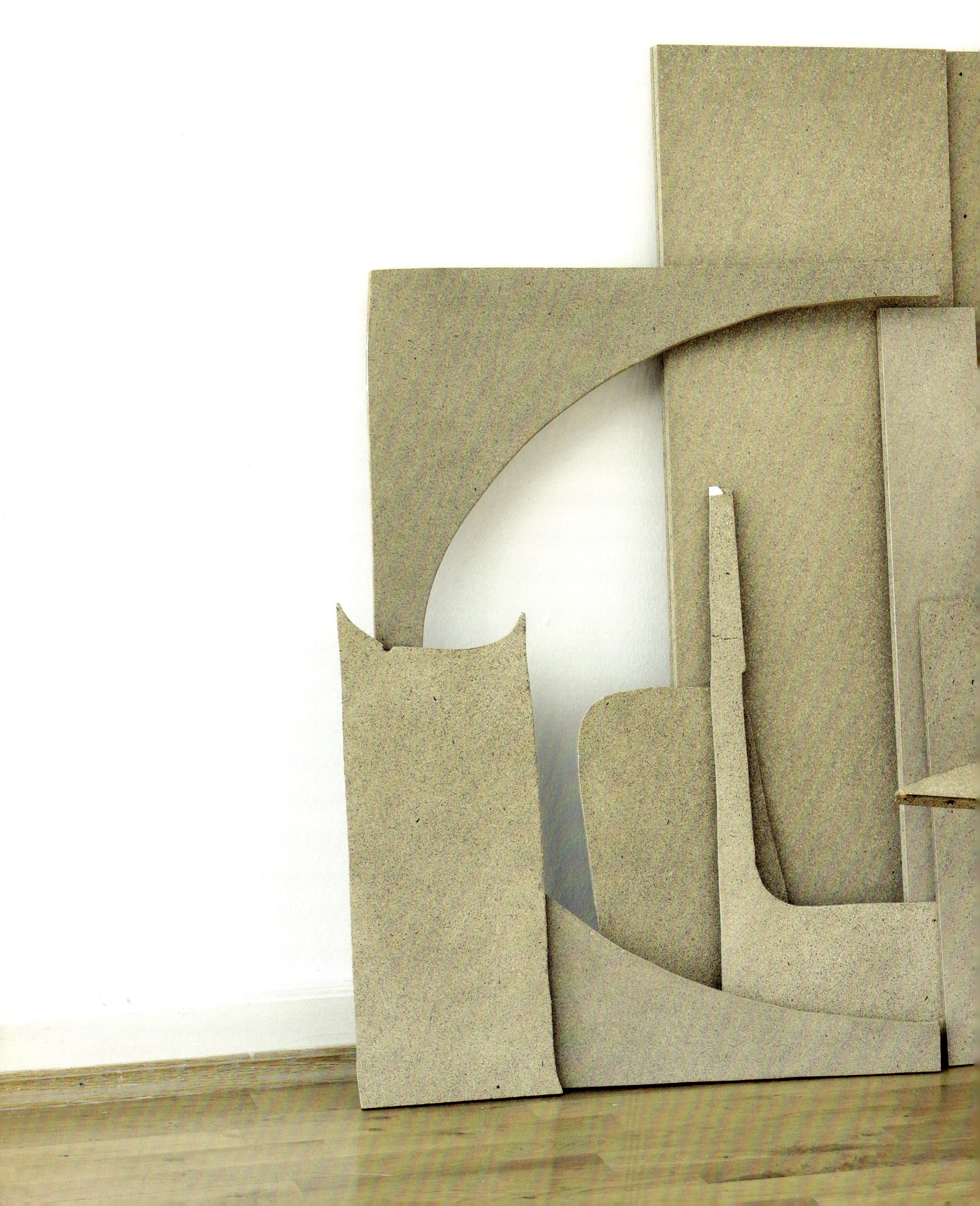

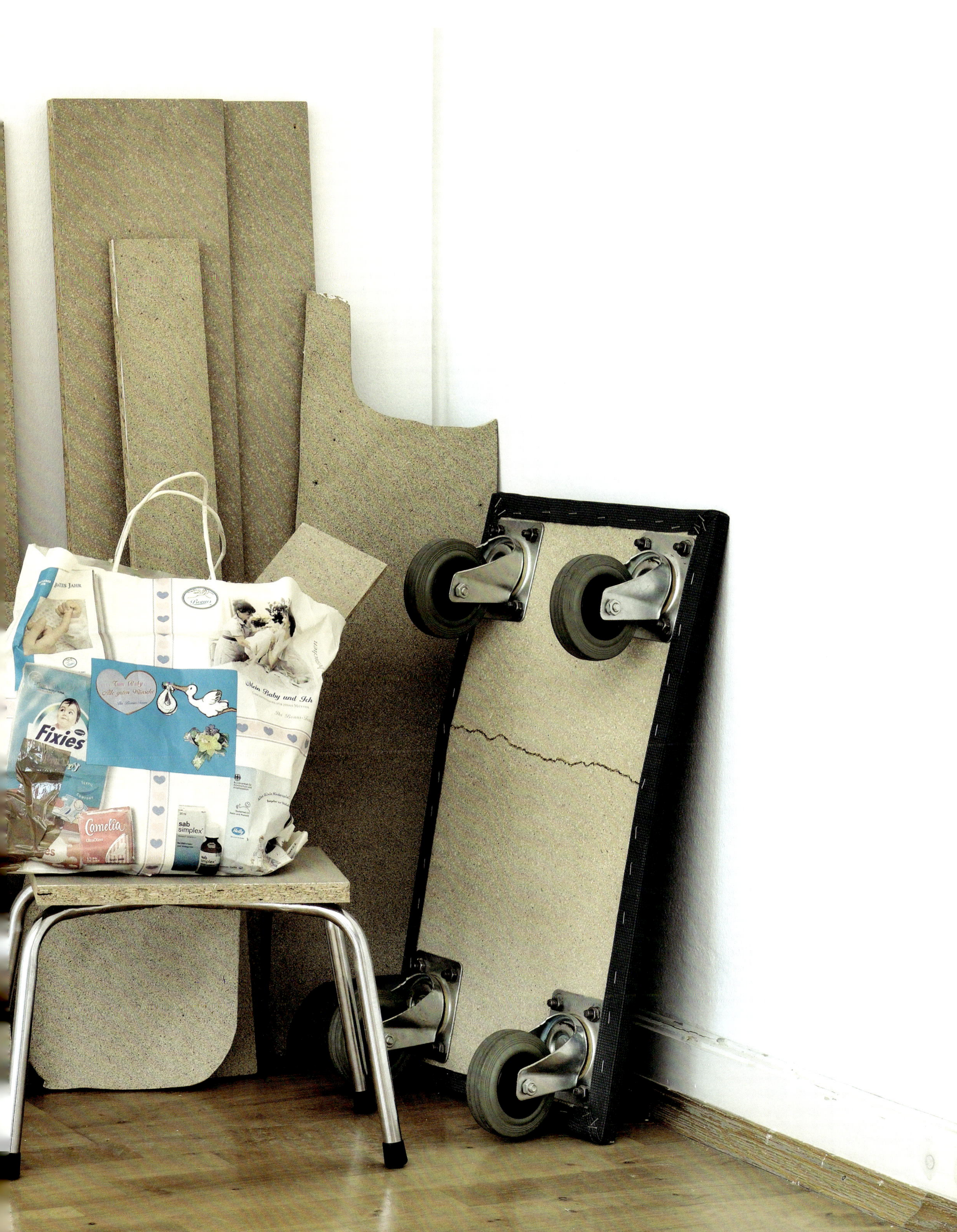
Fixies
Mein Baby und Ich
Camelia
sab simplex

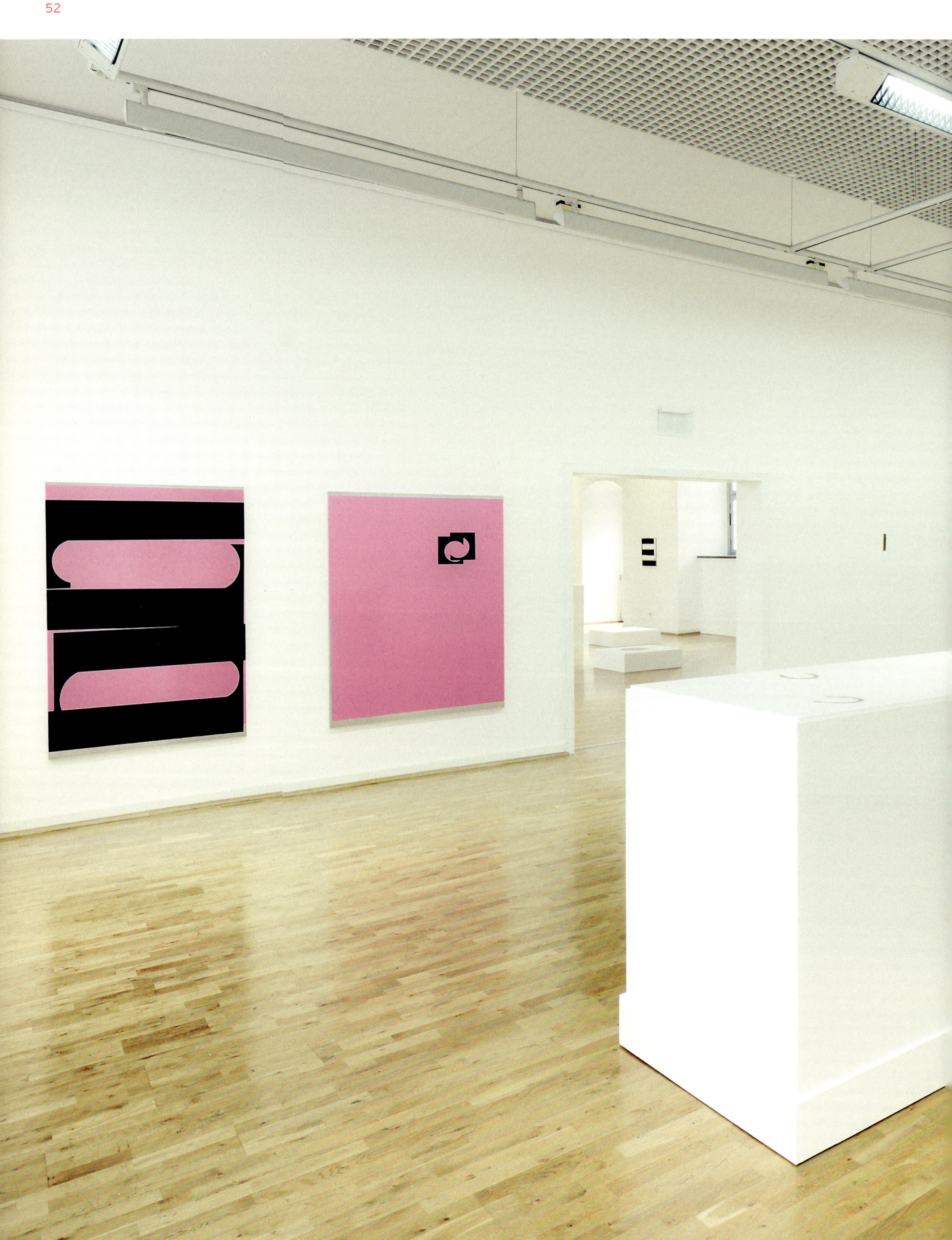

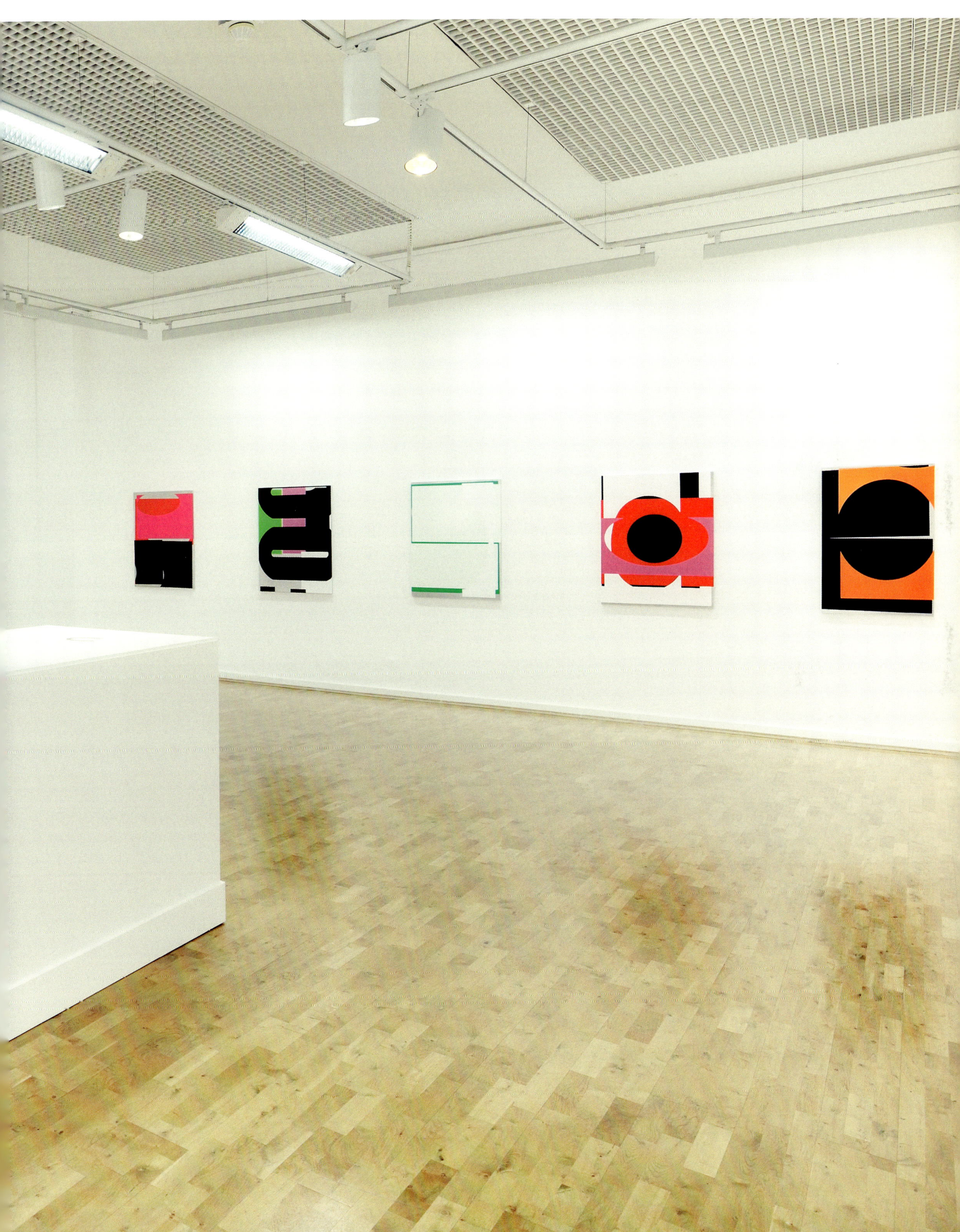

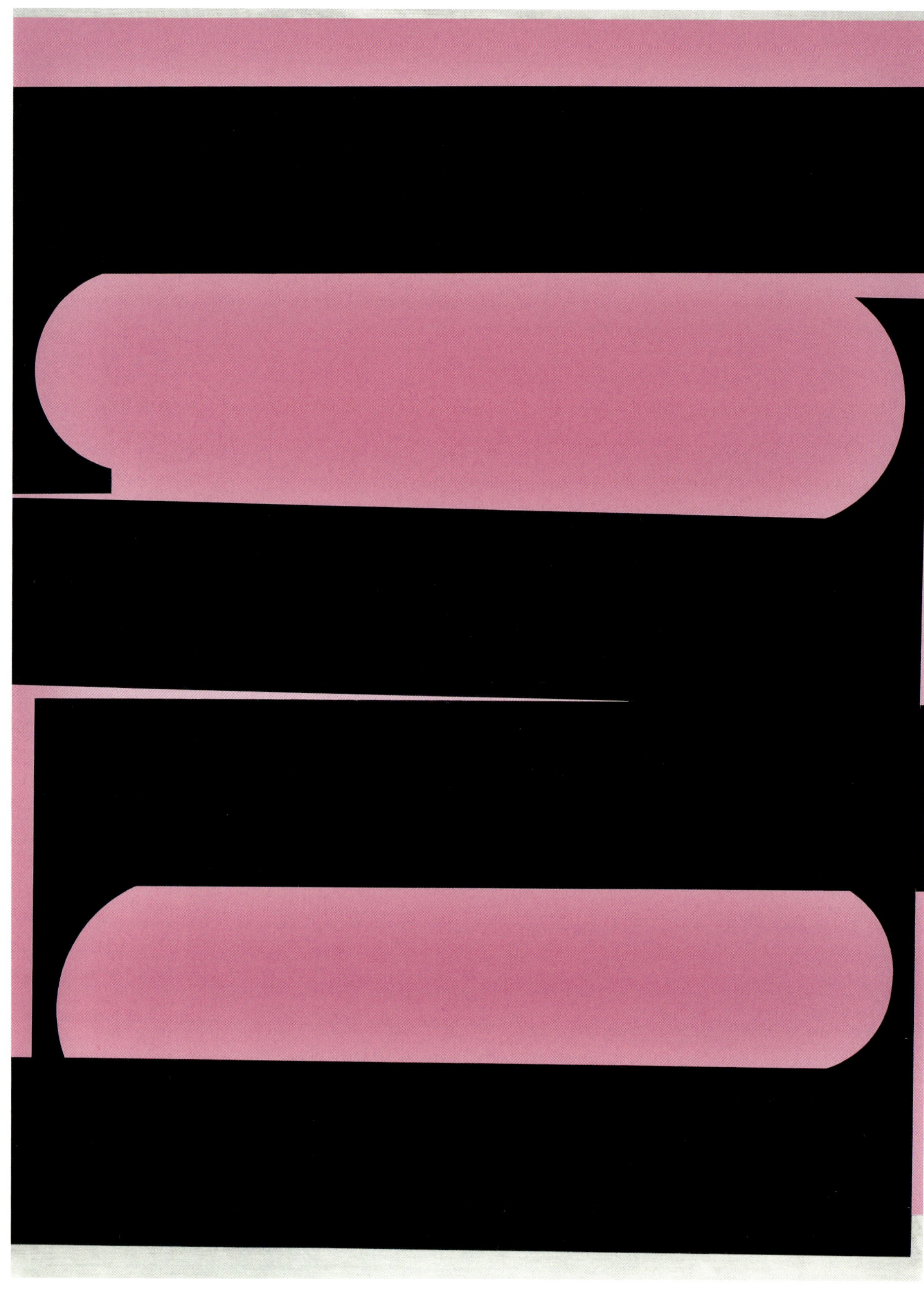

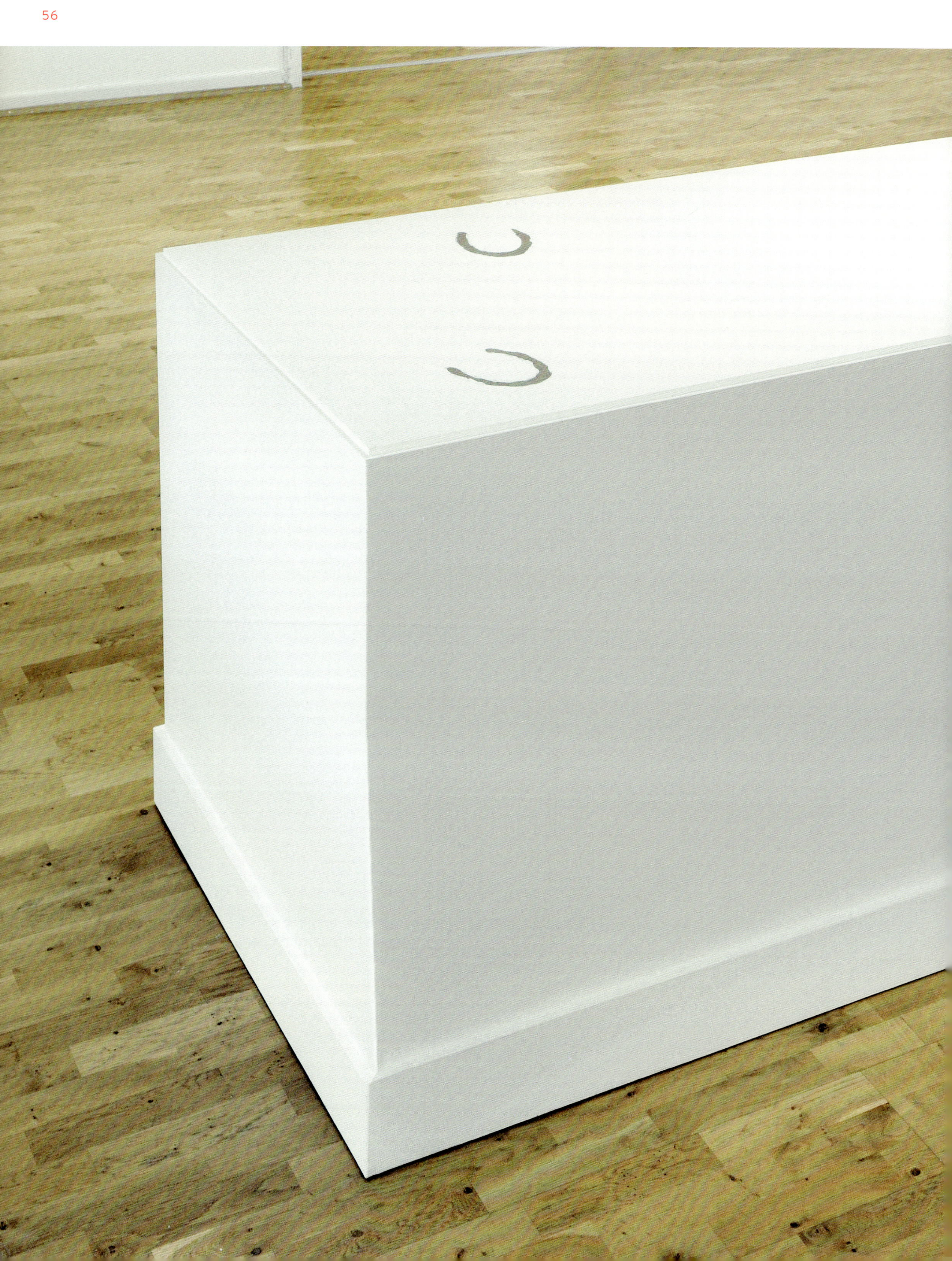

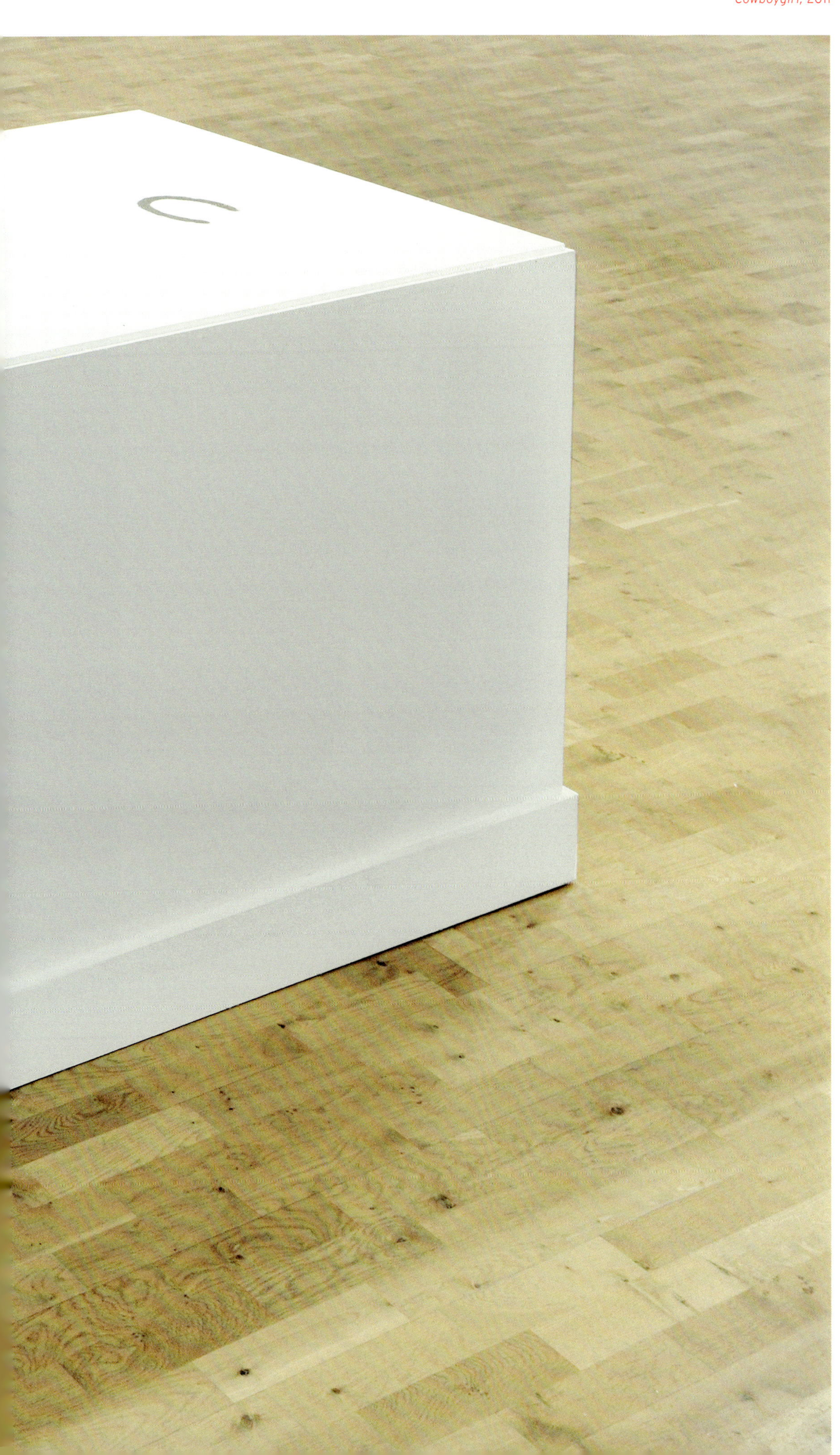

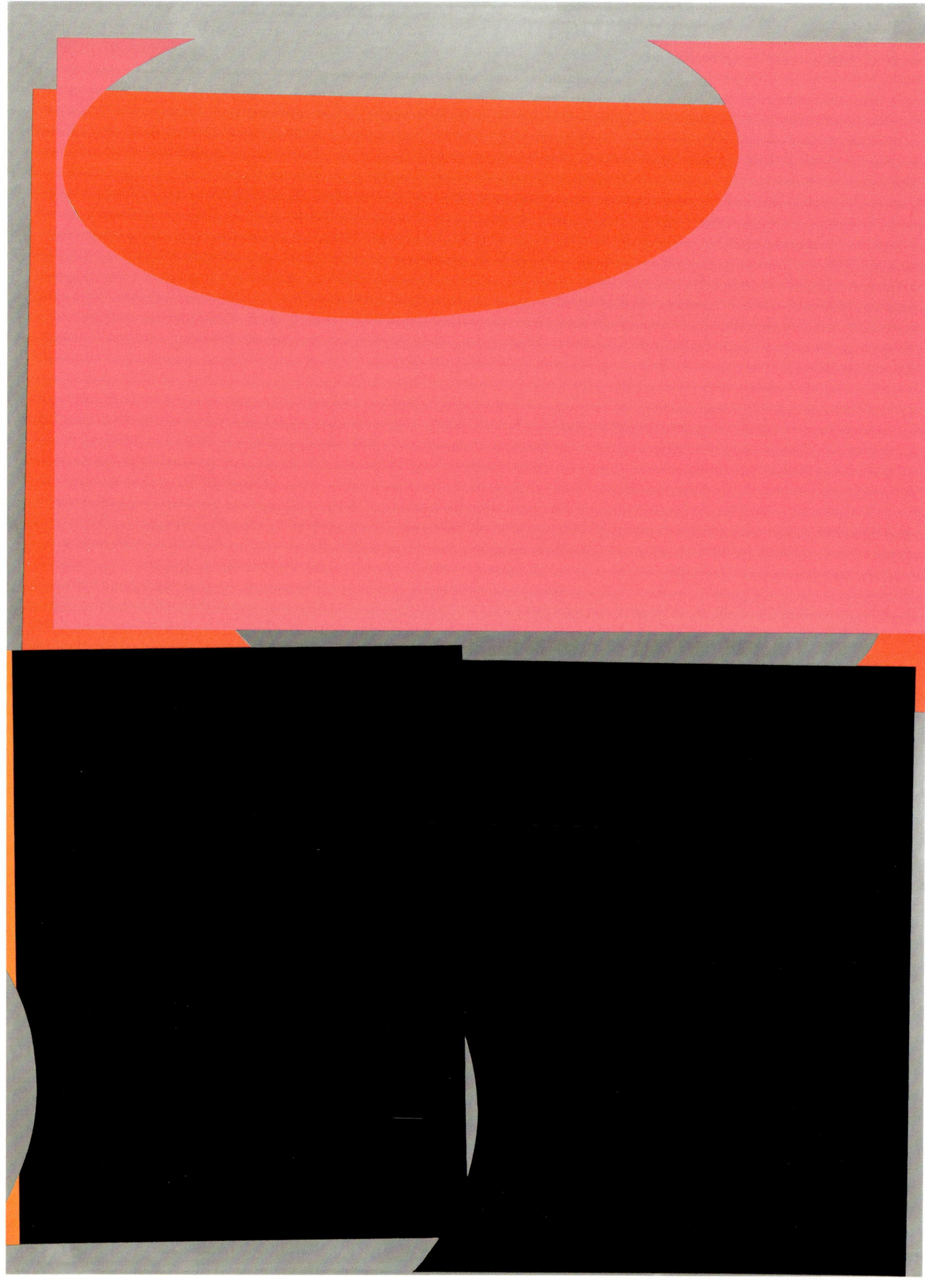

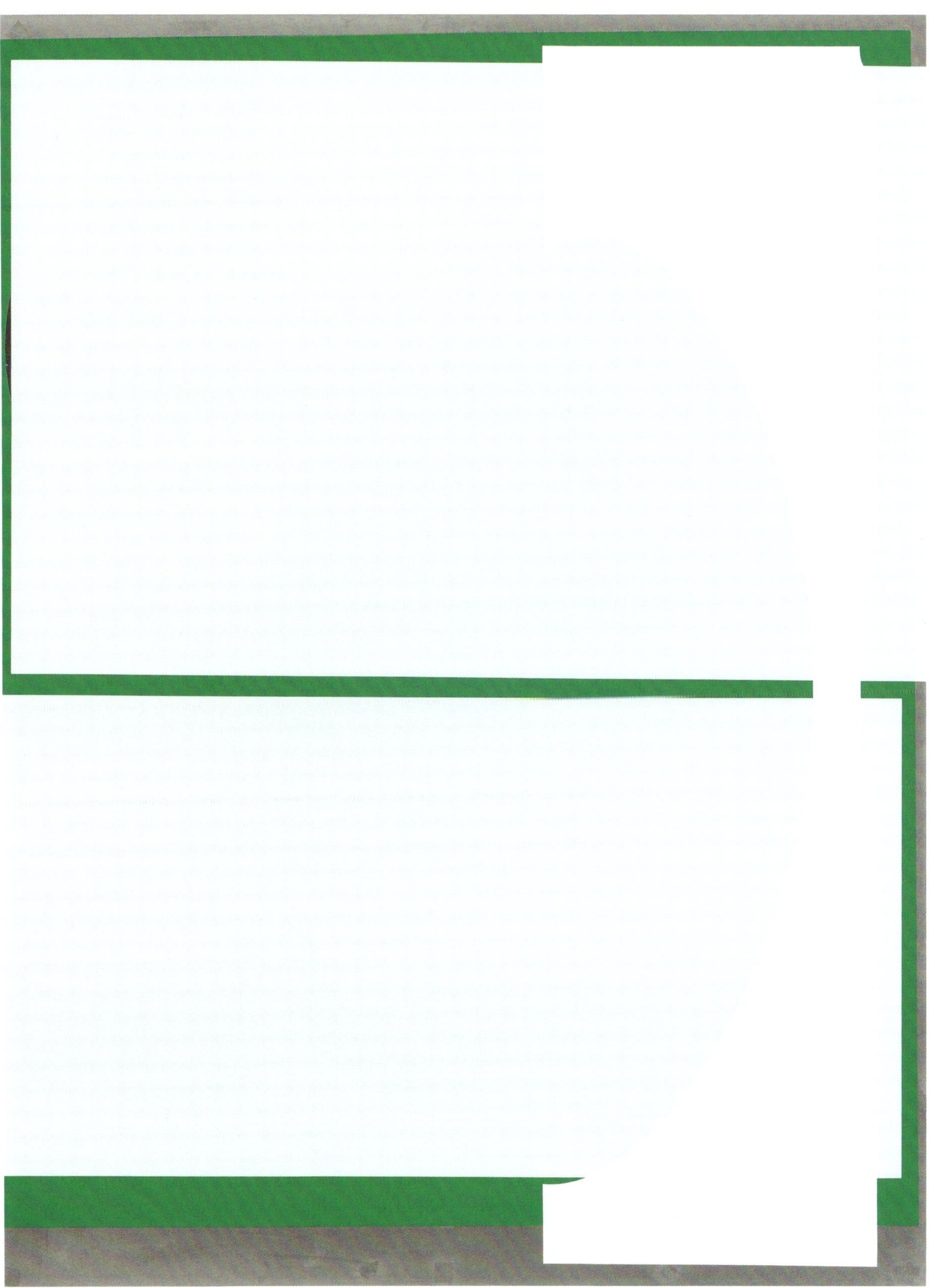

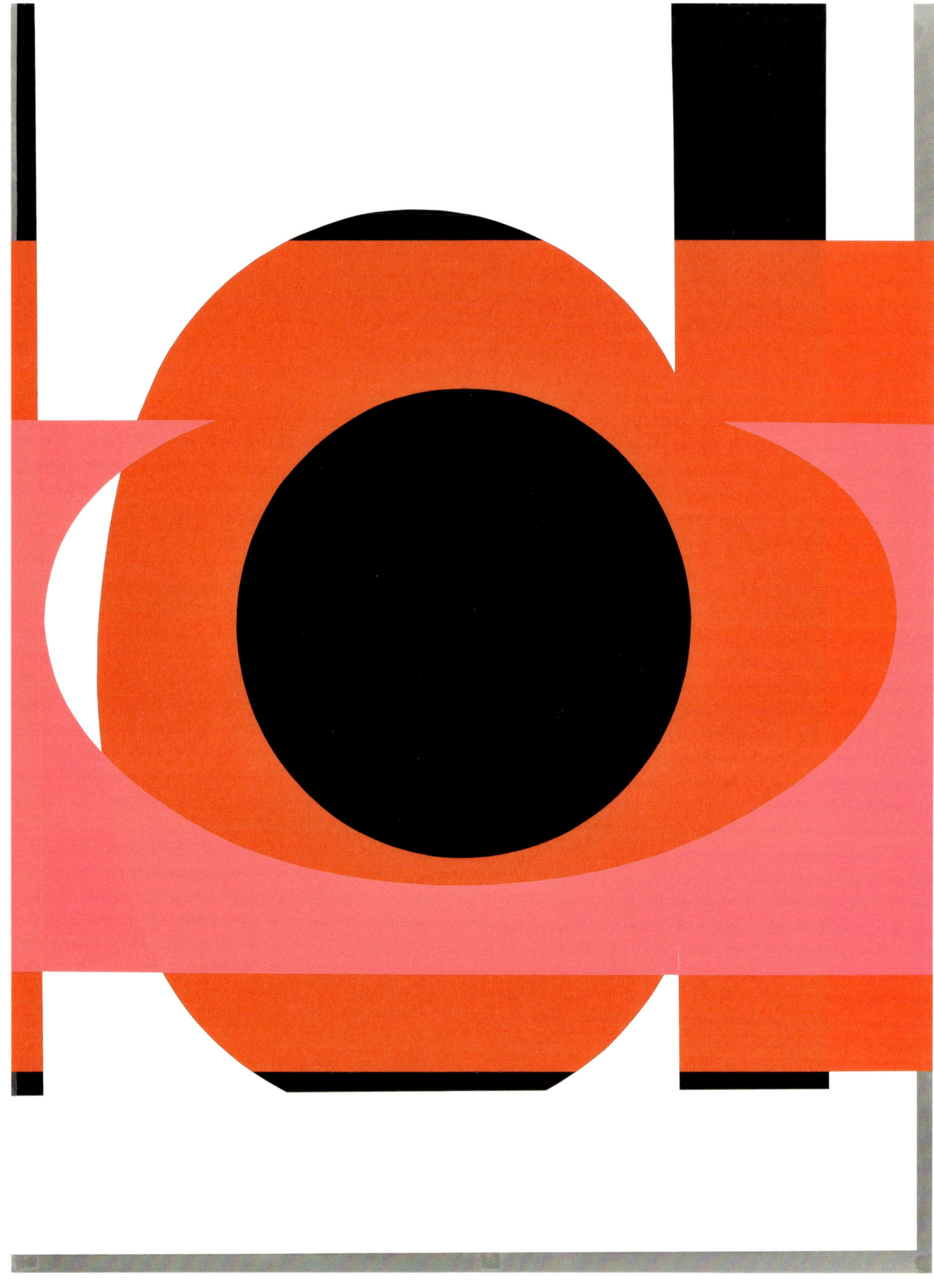

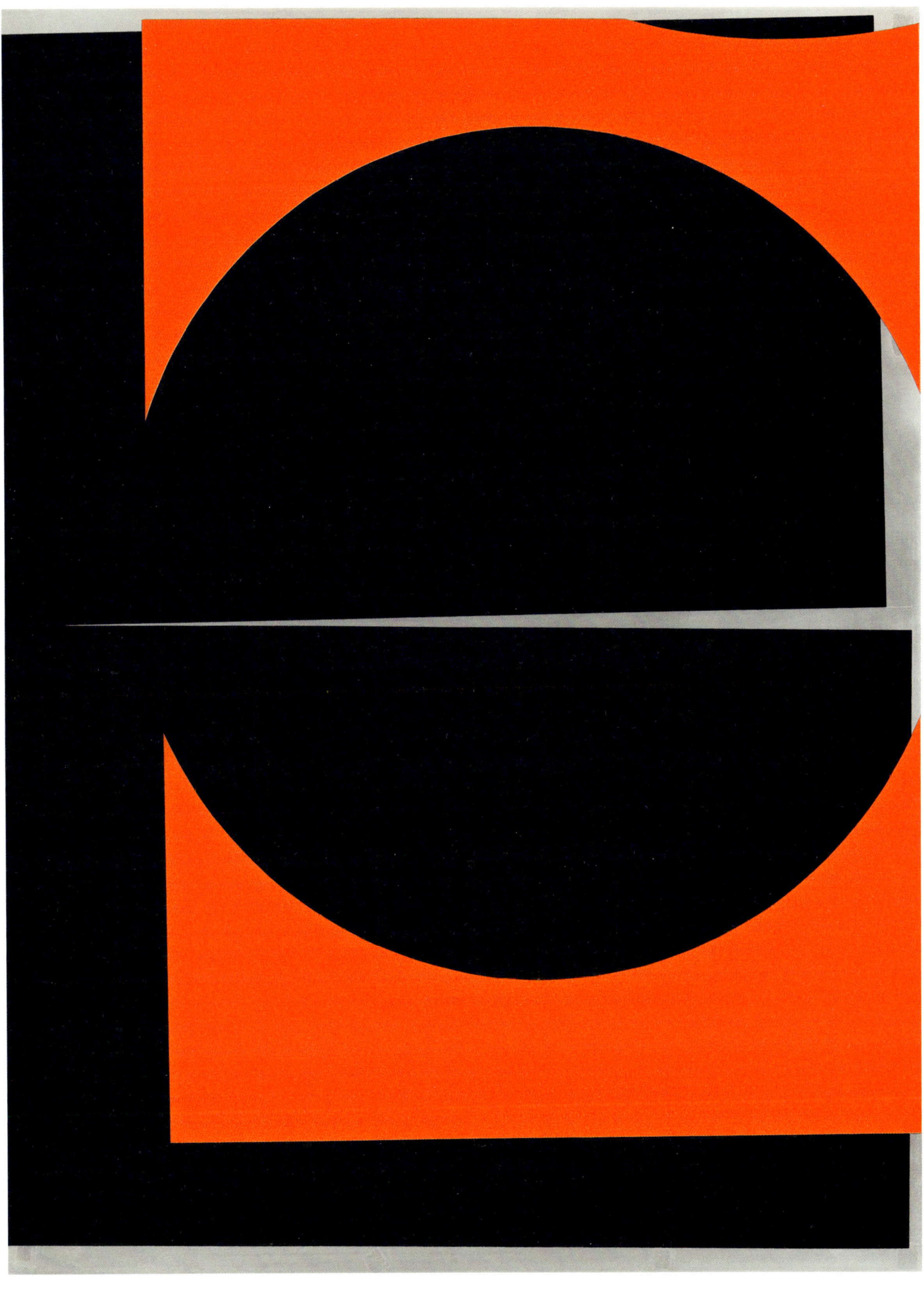

o. T. / Untitled, 2011

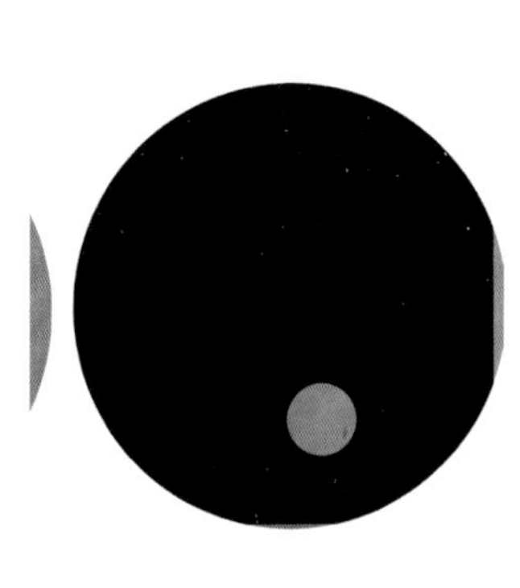

o. T. / Untitled, 2011

o. T. / Untitled, 2011

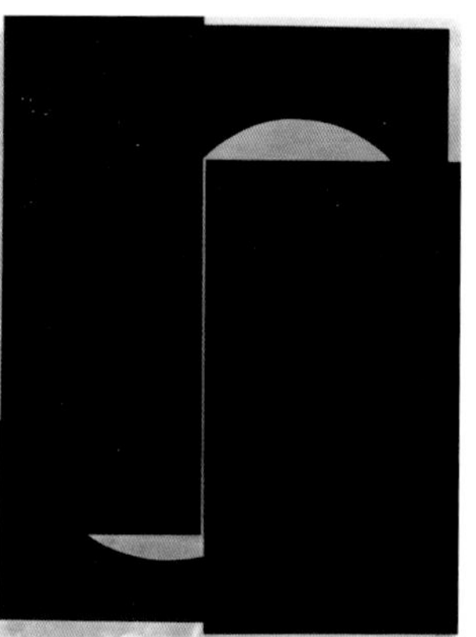

o. T. / Untitled, 2011

o. T. / Untitled, 2011

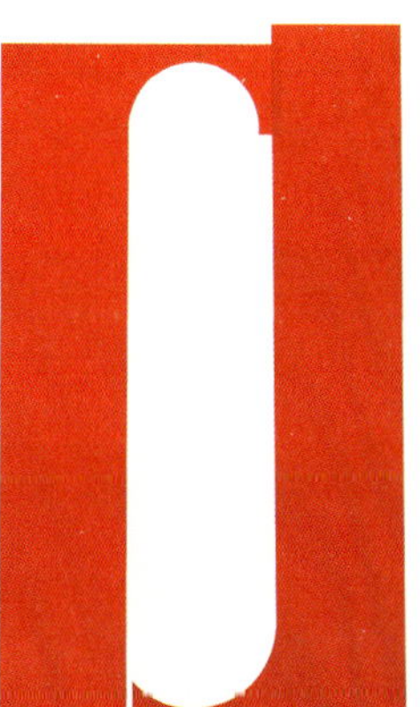

o. T. / Untitled, 2010

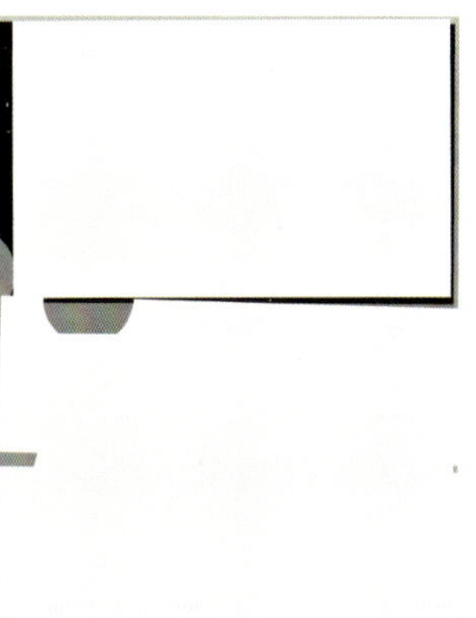

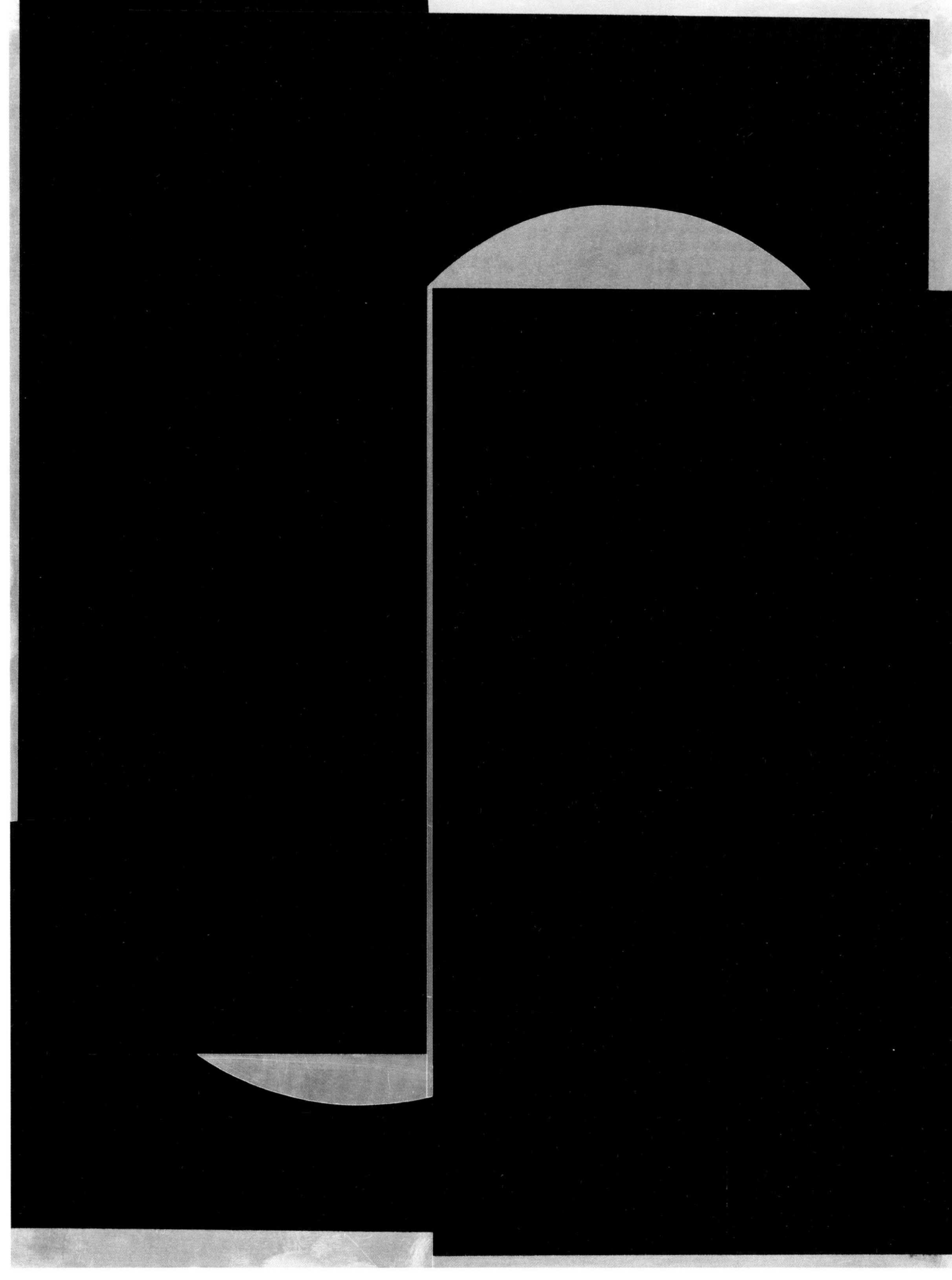

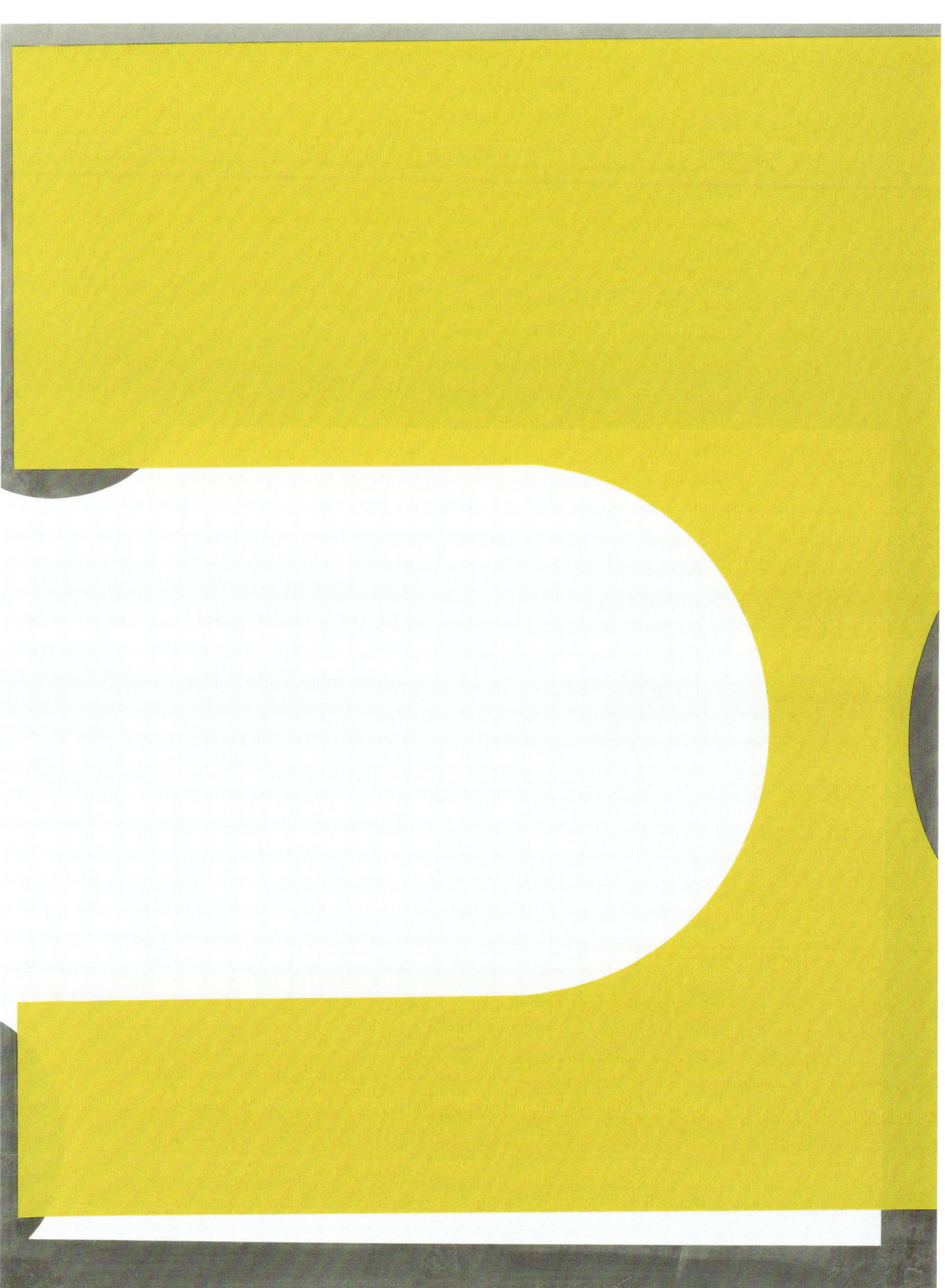

o. T. / Untitled, 2011

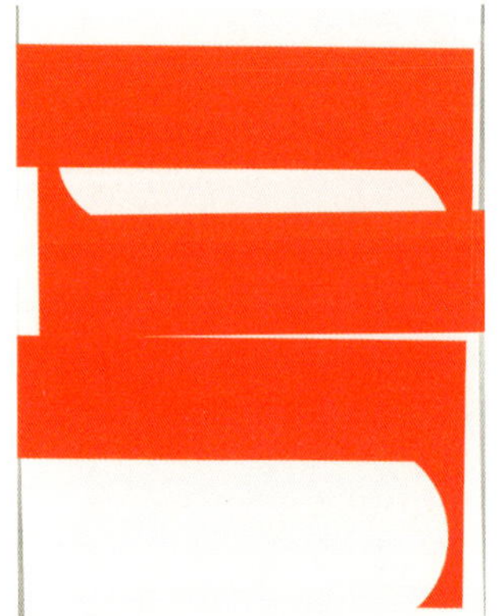

o. T. / Untitled, 2011

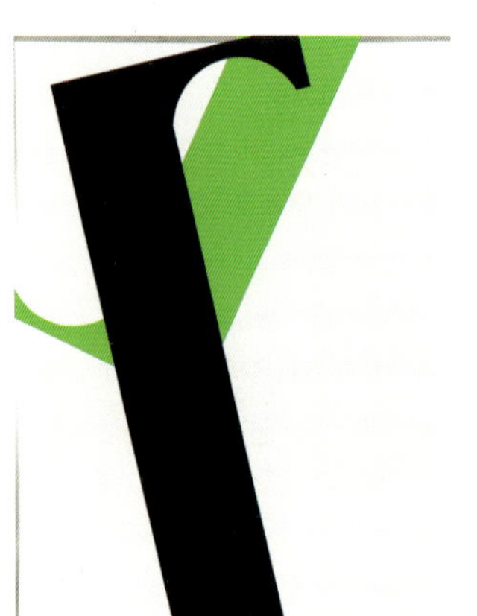

o. T. / Untitled, 2011

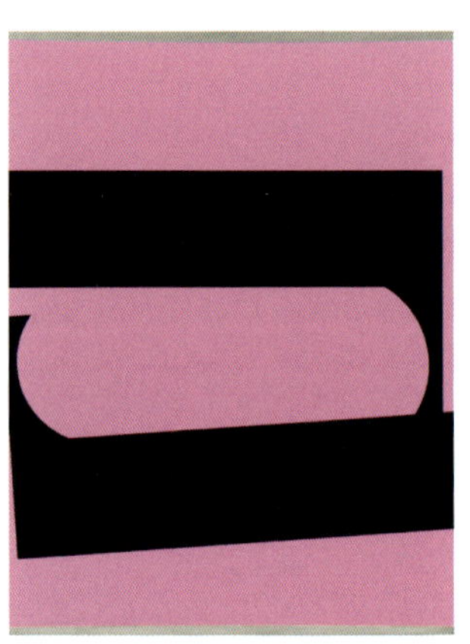

o. T. / Untitled, 2011

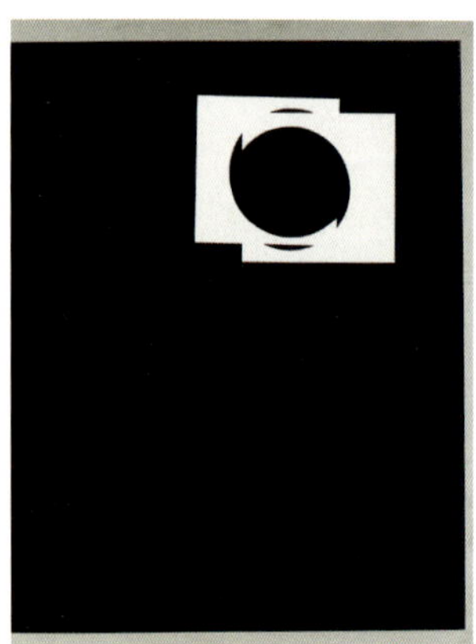

o. T. / Untitled, 2011

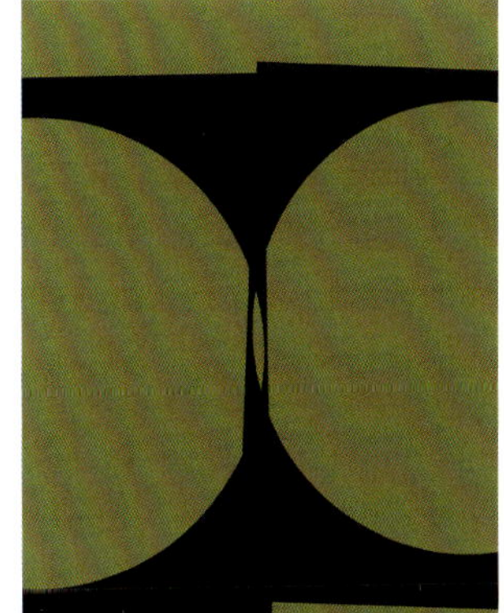

o. T. / Untitled, 2011

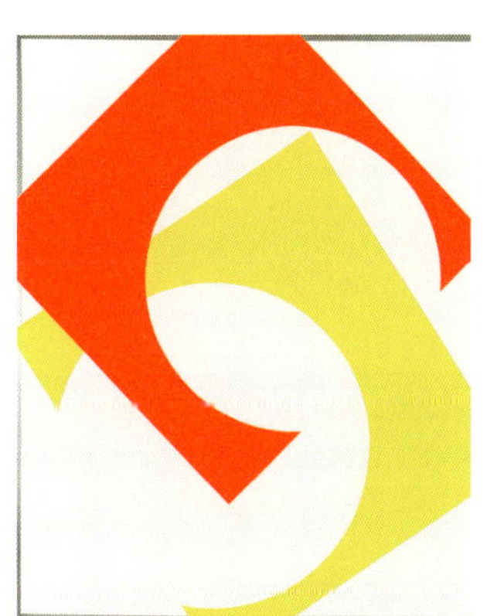

o. T. / Untitled, 2011

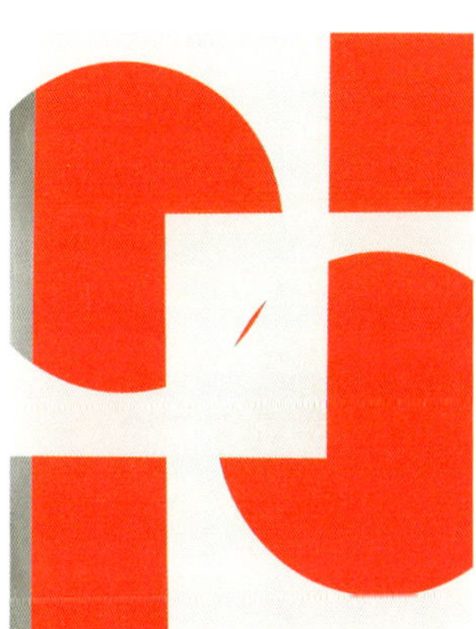

o. T. / Untitled, 2011

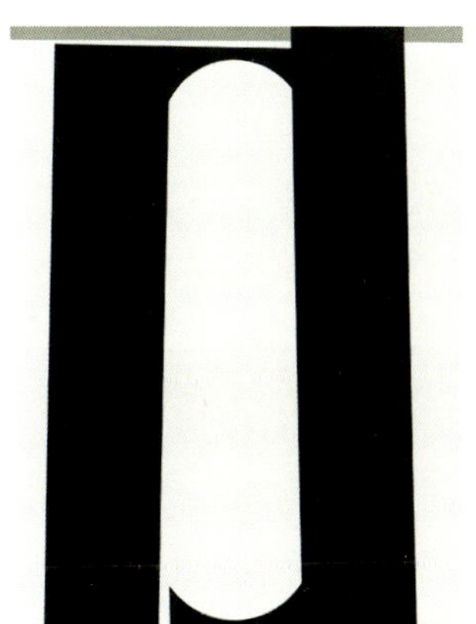

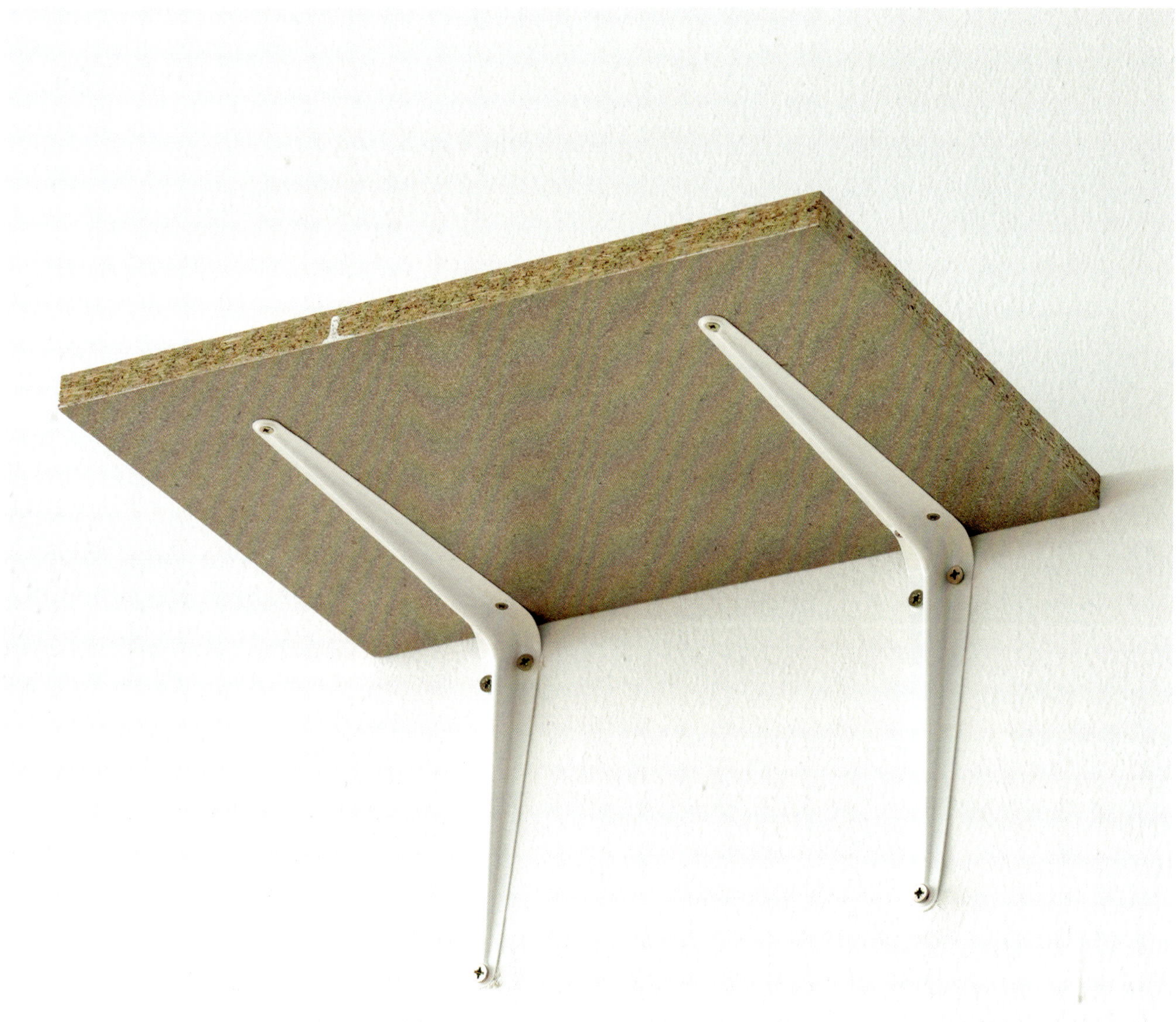

The artist Joachim Grommek, who was born in Wolfsburg and now lives in Berlin, has, since the start of his career, pursued a painterly strategy that plays with illusion and reflection. Viewers are taken to the extremes of sensory deception only to realize that what they thought was an object is in fact only a depiction of one. Grommek's works are thus in a state of suspended animation between picture and copy. They make statements both about the medium of painting as such, and about the status of pictures in general as a sensory medium of recognition.

The exhibitions in the Städtische Galerie Wolfsburg, the Wilhelm-Hack-Museum, Ludwigshafen, the Galerie der Stadt Remscheid, and the Haus Konstruktiv in Zurich show complexes of works created since 2000 in which the focus has been on the trompe l'œil effect. In the composition of surfaces and in the clear coloration, Grommek's pictures come across as highly Minimalist. They have something of the provisional about them. Areas of chipboard become visible; what appear to be adhesive strips can be recognized. The temptation to pull these off the surface of the picture triggers the recognition that all the motifs are imitations in paint: the chipboard surfaces, the "adhesive strips," and likewise the sometimes multiple overlayerings.

The current exhibitions mark the first time Joachim Grommek's works are being shown in larger institutional settings. At this point we would like to thank the artist for the professional implementation of the project and for his indefatigable dedication. We would also like to thank the Niedersächsische Sparkassenstiftung, the Sparkasse Gifhorn-Wolfsburg, and Pro Arte e. V., Remscheid, without whose involvement the exhibition tour could never have taken place. We would also like to thank all those who have loaned works for supporting the project in this way, and the authors for their detailed contributions, as well as the galleries Vous Etes Ici in Amsterdam, artfinder Galerie | Mathias Güntner in Hamburg, and rahncontemporary in Zurich. Finally, we thank all the staff of the institutions concerned for the work they have put into preparing and staging the exhibitions.

Susanne Pfleger
Städtische Galerie Wolfsburg

Reinhard Spieler
Wilhelm-Hack-Museum, Ludwigshafen

Oliver Zybok
Galerie der Stadt Remscheid

Dorothea Strauss
Haus Konstruktiv, Zurich

JOACHIM GROMMEK:
L'ŒIL TROMPÉ *Oliver Zybok*

Artworks that simulate visual reality, that create an illusion, attempt to convey an accommodation to life. Often the creators of trompe l'œil painting are compared to the magicians seen at fairs or variety shows.[1] They bank on an unexpected result and generate an astonishment whose foundation is the individual imagination. This is activated no less by waxworks than by the numerous illusion machines, from the camera obscura to the diorama or panorama to the zoetrope, which simulates movement.[2] With their calculated cunning, the illusionists are also, however, seen as heirs to older traditions of magic, for if trompe l'œils really do seduce the beholder by simulating a three-dimensional situation or a material texture, what we have at first are inexplicable, seemingly magical elements.[3]

Joachim Grommek, aware of this tradition, creates painted imitations. With his trompe l'œils he graphically demonstrates that the collective memory is composed not of a jointly experienced history, but of the similarity of the seen. While the collective memory is subjectively ordered, stored (or repressed), it does ultimately contain images that derive in principle from the same source. For his abstract-geometric imagery, he takes, among other things, ornamental and geometric structures from the everyday, and then varies them through his own painting technique. Even though he does not follow a realist style, but rather employs a geometric-abstract formal vocabulary, Grommek's work is in the tradition of a trompe l'œil variant whose images always coincide completely with the form of the object depicted, namely *chantourné* (French *chantourner:* "to cut using a fretsaw"). It not only creates an illusion suggesting a three-dimensional texture, but also leads the viewer's sense of touch into temptation. The chantourné adapts to the contours of the exterior form of the depicted motif and thus subverts the contour comparison performed by the brain.[4] The plasticity of the classic trompe l'œil is simulated by the interior shading, so that the objects simply lack the three-dimensionality needed if they are not to be distinguished from real things.

Some works by Cornelis Norbertus Gysbrechts (c. 1640 – after 1675) are regarded as early results of chantourné and should also be seen as the results of a process of self-questioning and self-awareness with respect to the possibilities of painting.[5] His *Reverse of a Painting* (1670, Statens Museum for Kunst, Copenhagen)(p. 9) is not intended for display on a wall, but is rather meant to be stood on the floor and leaned against the wall.[6] This superficially casual presentation makes the viewer curious to find out what's on the "front" side. Visitors are positively encouraged to turn the picture around—but when they do so, they discover no motif at all, merely the actual verso. "The object of this painting is the painting as object," was how the art historian Victor Stoichita (b. 1949) aptly described this paradox.[7] Like *Reverse of a Painting*, chantourné trompe l'œils often contain allusions to the process of picture production in association with the question of the ontological status of painting. Does it have a visionary character, or is it merely an object? In this connection, Gysbrechts's *Reverse of a Painting* differs crucially from the readymade in that we have a painted verso and not a canvas.[8] Also relevant is the painting *Flag* (1954–55, Museum of Modern Art, New York) by Jasper Johns (b. 1930), which raises the question of whether a flag painted on cloth is a flag or not. It confirms, as do trompe l'œils from partridges to dollar bills, the numerous layers of meaning in the semantic status of pictures.

It is as a contemporary chantourné that we should see Grommek's work *Bitte stehen lassen …* (2005).(p. 10) Our eye falls on a piece of industrially produced chipboard, such as can be found in the timber sections of DIY stores. This sculptural work is in the tradition of the Minimal Art of the 1960s, which confronted questions of material and form.[9] With *Bitte stehen lassen …* Grommek seeks the zero point of sculpture by choosing a simple industrial material that is casually displayed leaning against the wall, its workmanship concealed from the uninitiated viewer. The basis is a piece of chipboard measuring 120 × 90 centimeters, primed with a white ground recto. Using a special painting technique, Grommek processed this white surface in such a way that it resembles the unprimed surface of the chipboard—imitating its structure. The edges of the board, which unambiguously betray the true nature of the material, give rise to additional confusion, because traces of the white ground can be seen. A piece of paper tucked between the board and the wall says: "Bitte stehen lassen. Wird morgen abgeholt." ("Please leave here. Will be picked up tomorrow.") The injunction reinforces the trompe l'œil effect, as it creates the impression that the board was not needed, and will be taken away later. It becomes thus even more difficult to see through the artist's illusionist painting. In 1987, at almost the same time as Grommek's first wood imitations in 1988, Robert Gober (b. 1954) made the sculpture *Plywood*, an elaborately produced imitation of a somewhat larger sheet of plywood (242.5 × 118 × 1.5 cm). It too can be seen as following in the tradition of Minimal Art, and is also crucially characterized by the aspect of illusion. "The sculpture is not constructed like a real sheet of plywood, where a number of different layers are pressed together like a sandwich in order to achieve increased strength," explains Gober. "It has a pressboard core. The sandwich pattern at the edges is merely simulated, and whole sheets of veneer were stuck to the front and back. This work was vandalized twice, and when I talk about my work, I am inevitably asked in what way this constitutes a sculpture. This is strange, because in many respects it is a decidedly traditional sculpture, with its roots buried deep in the tradition of the still life."[10] In the history of trompe l'œil, the rough wooden board, as Gober hints, occupies a special place, as for example in the painted backgrounds of quodlibet and pinboard paintings. From Jacopo de' Barbari (c. 1440 – c. 1505) via Wallerant Vaillant (1623–1677) and Edwaert Collier (c. 1640 – after 1707) to Hieronymus Hastner (1665–1729) and Christian Gottlob Winterschmidt (1755 – after 1809), it forms the background, in differentiated imitation, against which dead partridges, letters, and other miscellanea are presented. In contrast to Gysbrechts's *Reverse of a Painting*, *Bitte stehen lassen . . .* can certainly be seen as a readymade, as here, a material in everyday use is presented in a position it appears no thought has been given to, a universal situation that occurs such as during renovation work. At the same time, the work can also be seen as a Minimalist contribution to painting. The paradox of Grommek's work is revealed in the fact that the surface texture and appearance of chipboard is imitated—on chipboard. In the imitation, the artist invests the rough, generally overlooked material with a special importance. In a similarly casual manner, the 2002 object *Untitled (Dolly)* (p. 11) is also leaned against a wall. The castors of the little trolley, whose surface is covered by a blue, non-slip plastic coating, are turned toward the viewers, who can see the wooden underside. The wood is broken just above the midpoint. On closer inspection, it becomes clear here, too, that a chipboard surface has been imitated in paint. Immediately one checks the crack. It is real, not an illusion! In this way, an everyday object is at least partly turned into a trompe l'œil object that demands the viewers' undivided attention if they are to distinguish "real" from "imitation." Grommek's painting has a conceptual approach in the way that it questions its status: whether the artwork can still have a visionary character or has meanwhile been downgraded to mere object. Its concept takes the intention, not the intuition, of the artist as its basis. In relation to his work, we can determine three attributes of intention:

1. The appearance of a work can be judged only via the artist's intention, and only through it can the choice of a particular medium and the cogency of this choice in relation to the articulation be understood.

2. Artistic intention is the guarantee, generally speaking, of the articulation's attaining the character of art.

3. Artistic intention, finally, also articulates the will to a continuity of traditionally modernist qualities of the artwork, such as critique of the artistic and social status quo and detachment from the purely fashionable.

The examples of works cited hitherto make it clear that for Grommek, the three attributes of artistic intention lie at the heart of present-day changes. They are in his opinion the artist's central expertise. He has described the priority of intention on a number of occasions: "I take the things that people do not notice and bring them to their notice, I confront people with them. The fact that I'm an artist is sufficient; when a housepainter paints a wall white, it's still a wall. When I paint it white, it's a picture." Grommek plays with paradoxes, "because everyone is full of contradictions. We want to control in others the things that we don't like."[11]

With the three attributes of intention in mind, we can, for Grommek's artistic starting point, talk about aesthetic participation in the simple things of our everyday surroundings. This is articulated in an aesthetic extension of what is depicted, which, by dint of its trompe l'œil character, is fascinating and confusing at the same time. The viewer is first enticed by the promise of a kind of pleasure in sensation, by which he satisfies his voyeuristic urge—for at first sight of the pictures or objects, no one believes that the whole surface is actually a painting; rather, everyone feels reminded of everyday things. With his chantournés, however, Grommek reveals the voyeuristic gaze of the viewer for what it is, showing how easy it is to fall prey to such a gaze. The questioning of the ontological status of painting, which has already occupied individual art-historical predecessors, is seen particularly in an extensive series of works (started in 2000) in which the artist, in various geometric arrangements, imitates adhesive tape in its diverse manifestations. Here too, the stimulation of the sense of touch reveals the visionary character of the medium.

A prime example is the work *Untitled* (2009).(p. 12) Its diagonal grid recalls, with its blue-and-white stripes, the design of the Aldi discount chain's plastic bag, which Grommek, though he had frequently used such a bag himself, had only considered in light of his artistic activity when he saw a woman carrying one at a Berlin bus stop. The reason for his increased attention was that on this occasion the bag was not bulging, as bags tend to be after a shopping expedition, but was packed with something flat, so that the geometric structure of the pattern was evident.[12] This geometric structure was translated by Grommek into the form of painted "adhesive strips" on wood. With the overlayering of the individual strips suggested by the painting, he created a haptic effect that triggers a reaction in the viewer similar to that created by a chantourné trompe l'œil. Though he knows they are painted on, the viewer feels a need to peel them off.[13] At the same time, Grommek returns a plastic bag motif, well known as such in Germany, back to the sphere of art, because the design is that of an artist whose work it inevitably recalls, namely Günter Fruhtrunk (1923–1982).[14]

While for Fruhtrunk precise geometric structure and chromatic evenness were central, Grommek was interested in the deliberate illusionist simulation of a texture. He was not concerned with geometric perfection; on the contrary, his diagonal stripes of different breadths but clear structure, which on the Aldi bag are arranged in a regular alternation of blue and white, are asymmetrical. Even though the painted strips of "adhesive tape" are parallel and diagonal enough to produce a "seen-it-before!" effect, Grommek breaks their precise geometric structure. In addition, the blue is not monochrome, but consists of two shades. The painted "adhesive strips" overlap, and they are not always exactly parallel. Furthermore, here and there "adhesive strips" in other colors turn up (in red, yellow, and black), which, although they are largely covered by the white and blue stripes, are minimally visible at the edges. The illusion of materiality is enhanced by the colorless stripes of varnish, which suggest that transparent adhesive tape has been stuck on top. This technique, which gives rise to further visual confusion, is repeated in numerous other works in this series with illusory adhesive tape. The same is true of the transparent stripes that can be found mostly on the margins of these works, in fact, precisely where the structure suggests chipboard surfaces imitated in paint. As in *Bitte stehen lassen* … the trompe l'œil effect is reinforced by the viewer's recognizing, at the edges of the picture, that the picture must indeed be painted on chipboard. That its surface has been primed in white, and has then, as in many of the artist's works, had its structure overpainted again, is not something that can be immediately perceived. In spite of a difference in artistic intention, the works of Fruhtrunk and Grommek illustrate that both are obsessed by perfection: no brushstroke must be allowed to betray the manual production process.

Alongside the artistic commentary on the geometric structure of the Aldi shopping bag, which Grommek translates back into art, there are numerous other works in which he reveals the symbolisms and structures of everyday things and events which interest him as a participating observer. Since 2009, he has been painting on aluminum. The differently colored geometric structures and monochrome areas suggest here not adhesive tape, but adhesive film. The ground in these works is aluminum, which, on closer inspection, turns out to be real. Given their visual experiences hitherto, viewers will subject each of these works to an immediate and meticulous inspection. Any fake is crying out to be discovered. The sometimes ornamental patterns derive from remnants of stencil cutouts such as accumulate when enlarged lettering or logos are plotted. Grommek compiles this waste material, collage-like, into new abstract geometric motifs, which he then imitates in paint. Even so, the recognition factor of the pictograms and symbols (such as we know from the buttons on remote controls or other home electronic devices) is preserved.

Grommek often produces his works in series whose individual pictures nonetheless must be seen as variations on a theme. Each individual picture can encompass a theme more than adequately. A series represents a variation in the sense of a non-hierarchical arrangement, but it need not do so.[15] The much-quoted formula "The simulation principle dominates the reality principle as well as the pleasure principle,"[16] the very apt comment by Jean Baudrillard (1929–2007) on the serial conception as exemplified by the works of Andy Warhol (1928–1987), is based on a comparison with death: "Perhaps this is the seduction of death, in the sense that, for we [sic] sexually differentiated beings, death is perhaps not nothingness, but quite simply the mode of reproduction prior to sexual differentiation. The models that generate in infinite chains effectively bring us closer to the generation of protozoa; sex, which for us is confused with life, being the only remaining difference."[17]

The lethal charm of duplication was apparent in great clarity in Warhol, when he multiplied the everyday myths of the American mass society by two, by four, or took them *ad absurdum* in endless series. For Grommek, too, this thought applies: "All art is a fake; its faked emotions and faked objects arise from yearning; it wants to be real life, but can never be real life. The situation is real, but art is fake. I would like to change reality completely in my work, into the most beautiful of all, just as I would like it; but that is impossible, the yearning is too strong, it replaces itself continually. I think all of it is the yearning to live forever."[18] Grommek takes Warhol's serial conceptions even further by using the latter's 1967 self-portraits as the schematized basis for his own work.(p. 20) Among the striking features of these early works of the Pop Art icon are the slight shifts, in some cases, of the silkscreen frame. First, the surfaces of the canvas were painted in a single color. Then the portrait was applied using the silkscreen-print technique, and only then, or so it seems, was the canvas mounted on the stretcher. This evidently was not always done very accurately, so that there were minimal shifts of the motif, visible in particular at the edges of the picture. Grommek took a series of chipboards the same size as Warhol's portraits, imitated the surfaces and, in the same monochrome as the originals, placed on them the asymmetric shifts of the silkscreen frame, which are clearly recognizable as narrow stripes on the edge of the picture. It is not Warhol's actual self-portrait that served as the original, but his production process. In Grommek's Minimalist adaptations, the frame has no face. The self-portrait is replaced by the imitated wood structure.

While in Warhol's case the serial principle is expressed in the choice of the silkscreen technique intended for mass production, as a result of which one picture differs from another only in the choice of color and its application, Grommek's serial technique is manifested in the continually repeated chipboard surface, which can only be distinguished by dint of the coloration, different in each case, on the edge of the picture.

Another approach to the serial technique can be seen in the installation, comprising fifty plinths, that Grommek conceived for a presentation at the Kunstverein Springhornhof in 2006.(p. 15) The basis of this work is the institution's own stock of plinths. The artist replaced and reprocessed the tops of the individual plinths. The surface is white, but with circular or rectangular areas apparently left unpainted, showing a chipboard surface, and giving the impression that someone has painted around some object such as a vase or a chair leg. This impression is supported by the imprecise execution of the lines. Here, too, Grommek creates an illusionary effect, because he in fact painted these areas with great precision. In other words, the presumed chipboard surface is a painting on the originally white ground, as are the slight color runs on the individual edges. No objects ever stood on the plinths to form a kind of stencil. As in the works with the illusory, painted adhesive strips, the artist combines fiction with serialism.

In general, and this applies to Grommek, too, the principle of serialism implies a criticism of bourgeois artistic norms. For the originality and intuition of the artist are replaced by the intention, the scheduled action, which, combinatorily and methodically, integrates what were formerly non-artistic materials and procedures, and promises verifiable results.[19] In contrast to the traditional concept, with its emphasis on intuition and creativity, this kind of artistic approach describes the visual arts as a replicable procedure.[20] Originality is reassessed by an understanding of art characterized by the serial aspect, for the production of uniform works, albeit with nuanced deviations, gives it a positive reinterpretation in the sense of a transformative artistic process. Grommek is not concerned with the clarification of mass phenomena, but rather with substituting the term *serial* for the term *mass*. At this point there are overlaps with the sociological approach of Klaus Theweleit (b. 1942), who extended the concept of the series by relating it to social mass phenomena, which he sees as different from the "crowd" in Elias Canetti's (1905–1994) sense.[21] According to Theweleit, the concept of the mass, or crowd, in Western societies is being increasingly replaced by the concept of the series. Individuals are becoming what he calls "series formatted," defining their identity via serial products: "Life in series and serial signs is a new form of existence."[22] At the end we have the paradoxical question, which can also be seen as the starting point for Grommek's artistic approach: "Who [or what] best embodies the series (the same thing)?"[23]

Grommek doesn't just stick to the strategy of mere amazement, but stimulates reflection on the craft production of art, on the idea of original, reproduction, and copy, and at the same time on rigid norm thinking. Through the imitation of industrially produced adhesive tape used on a mass scale in its multicolor presence, which, in the process of the simulating sculptural recreation, is transformed into a motif of art, the artist thematizes, with his trompe l'œil effects, the relationship between art and everyday life. The artistic object is unmistakably like the adhesive tape in everyday use, as the superimposition of a number of layers of paint conveys a haptic impression, which is what creates the illusion in the first place. It is, however, far removed from it in terms of material or utilitarian status. To this extent, Grommek's works belong to Conceptual Art rather than the art of illusion. He uses optical illusion in the context of a concept which, as with many exponents of Minimalism as well, represents thoughts as objects. After the beholder has passed the first test by succumbing to the illusion, Grommek subjects him to a second examination: he recognizes the illusion, and as a result not only begins to mistrust his eyes, but for a moment also doubts his reason.

The reason for Grommek's interest in trompe l'œil thus lies in his epistemological skepticism toward a world that is too vast to take in, and thus barely comprehensible. For this reason, the beholder is, in his view, merely a voyeur, because he has forgotten how to recognize and discriminate. Thus for the artist, only the mere appearance of reality is capable of depiction, which is tantamount to a model-like relativization of depictability. As they are, as illusionist techniques, geared from the outset to deception and confusion, optical illusions demonstrate the limitations and imperfection of the possibilities of perception and recognition. This fact, however, alters nothing with respect to the pleasure and cunning with which Joachim Grommek traces appearance and visual deception. Because the ontological quality of pictures is seen, in his own words, all the more clearly, "the more graphically and at the same time the more incomprehensibly they reveal what has taken place in unfathomable reality."[24]

NOTES **1.** Cf. Ernst Kris and Otto Kurz, *Die Legende vom Künstler: Ein geschichtlicher Versuch* [1934] (Frankfurt am Main, 2003), pp. 87–113. **2.** Cf. in detail *Eyes, Lies and Illusions*, exh. cat. Hayward Gallery (London, 2004). **3.** Cf. in detail Marcel Mauss, "Entwurf einer allgemeinen Theorie der Magie," in M. Mauss, *Soziologie und Anthropologie: Theorie der Magie*, vol. 1 (Frankfurt am Main, 1978), pp. 43–182. **4.** Cf. Wolf Singer, "The Misperception of Reality," in *Deceptions and Illusions: Five Centuries of Trompe l'Oeil Painting*, exh. cat. National Gallery of Art (Washington, 2002), pp. 48–49. **5.** Cf. Victor I. Stoichita, *Das selbstbewußte Bild: Vom Ursprung der Metamalerei* (Munich, 1998), pp. 308–12. **6.** Cf. for example the outer panels of Jan van Eyck's (c. 1390–1441) diptych of the *Annunciation*, c. 1435, Museo Thyssen-Bornemisza, Madrid, and Jacob de Wit's (1695–1754) *Allegories of the Seasons*, 1740, Rijksmuseum, Amsterdam. **7.** Stoichita 1998 (see note 5), p. 308. **8.** Cf. Thierry Lenain, "Le dernier tableau de Marcel Duchamp. Du trompe l'œil au regard désabusé," in *Annales d'Histoire de l'Art et d'Archéologie* 6 (1984), p. 100. **9.** Cf. Gregor Stemmrich, "Vorwort," in G. Stemmrich (ed.), *Minimal Art: Eine kritische Retrospektive*. Fundus-Bücher 134, series eds. Gerti Fietzek and Michael Glasmeier (Dresden and Basel, 1995), pp. 28–29: "It is telling … that in Minimal Art visuality is conceptualized on the basis of a materially localized structure of things and not vice versa, as for example Carl Andre [b. 1935] has underlined in his explanation: 'The failure of plastic intelligence begins with the confusion between the visibility of things and our ability to see them.' … The question of a possible relocation of art in the visible may turn out to be one that has actuality beyond the historical paradigm of Minimal Art." **10.** Theodora Vischer (ed.), *Robert Gober: Skulpturen und Installationen 1979–2007*, exh. cat. Schaulager, Basel (Göttingen, 2007), pp. 190–91. **11.** "Sich als echt erweisende Malerei: Ein Interview mit Joachim Grommek von Damien Hirst," in *Joachim Grommek: Flecken*, exh. cat. Galerie Michael Haas (Berlin, 1994), n.p. **12.** This anecdote was related by Grommek in conversation with the author in the artist's studio in Berlin on June 27, 2010. **13.** A more precise explanation of the painting technique can be found in Susanne Pfleger's conversation with the artist: "I could have painted green pictures, too …" in the present volume. **14.** The reference to Günter Fruhtrunk is not the only reference to art history. In an untitled series of abstract geometric works, Grommek references, among others, Kazimir Malevich (1878–1935), Piet Mondrian (1872–1944), Blinky Palermo (1943–1977) and Robert Ryman (b. 1930). Here, too, he takes chipboard as his picture support, painting the surface with precisely the structure of chipboard, and places the purported "adhesive strips" on them, so that an aesthetic proximity to the art-historical precedents unmistakably remains. A direct reference to Palermo can be seen in the works *Tilt* (2005) and *3D* (2006). Here Grommek relates to the works *Flipper* (1965) and the extensive series *To the People of New York City* (1976) by his fellow artist, who died at an early age. The grids and the surface structures of the imitations are, compared with the originals, crudely executed, and in addition there are minimal chromatic additions. However, the recognition factor is preserved nonetheless. **15.** Cf. Gottfried Boehm, "Werk und Serie," in Daniel Hees and Gundolf Winter (eds.), *Kreativität und Welterfahrung* (Duisburg, 1988), p. 17. **16.** Jean Baudrillard [trans. Iain Hamilton Grant], *Symbolic Exchange and Death* [1976] (London, 1993), p. 93. **17.** Ibid., p. 73. **18.** Grommek (see note 11). **19.** Cf. Elke Bippus, *Serielle Verfahren* (Berlin, 2003), pp. 9–10. **20.** Cf. ibid., pp. 22ff. **21.** Cf. Elias Canetti (trans. Carol Stewart), *Crowds and Power* [1960] (New York, 1984). Canetti distinguishes between open and closed crowd, rhythmic and halting crowd, slow and fast crowd. Five basic types are named: Baiting Crowds, Flight Crowds, Reversal Crowds, Prohibition Crowds, Feast Crowds. **22.** Klaus Theweleit, "Canettis Masse-Begriff: Verschwinden der Masse? Masse und Serie," in *Ghosts* (Frankfurt am Main, 1998), p. 243. The "I" thus emerges from the construction. It is an exhibit in a series. **23.** Ibid., p. 237. Cf. in more detail Sven Drühl, *Der uniformierte Künstler: Aspekte von Uniformität im Kunstkontext* (Bielefeld, 2006). **24.** The artist on June 27, 2010 (see note 12).

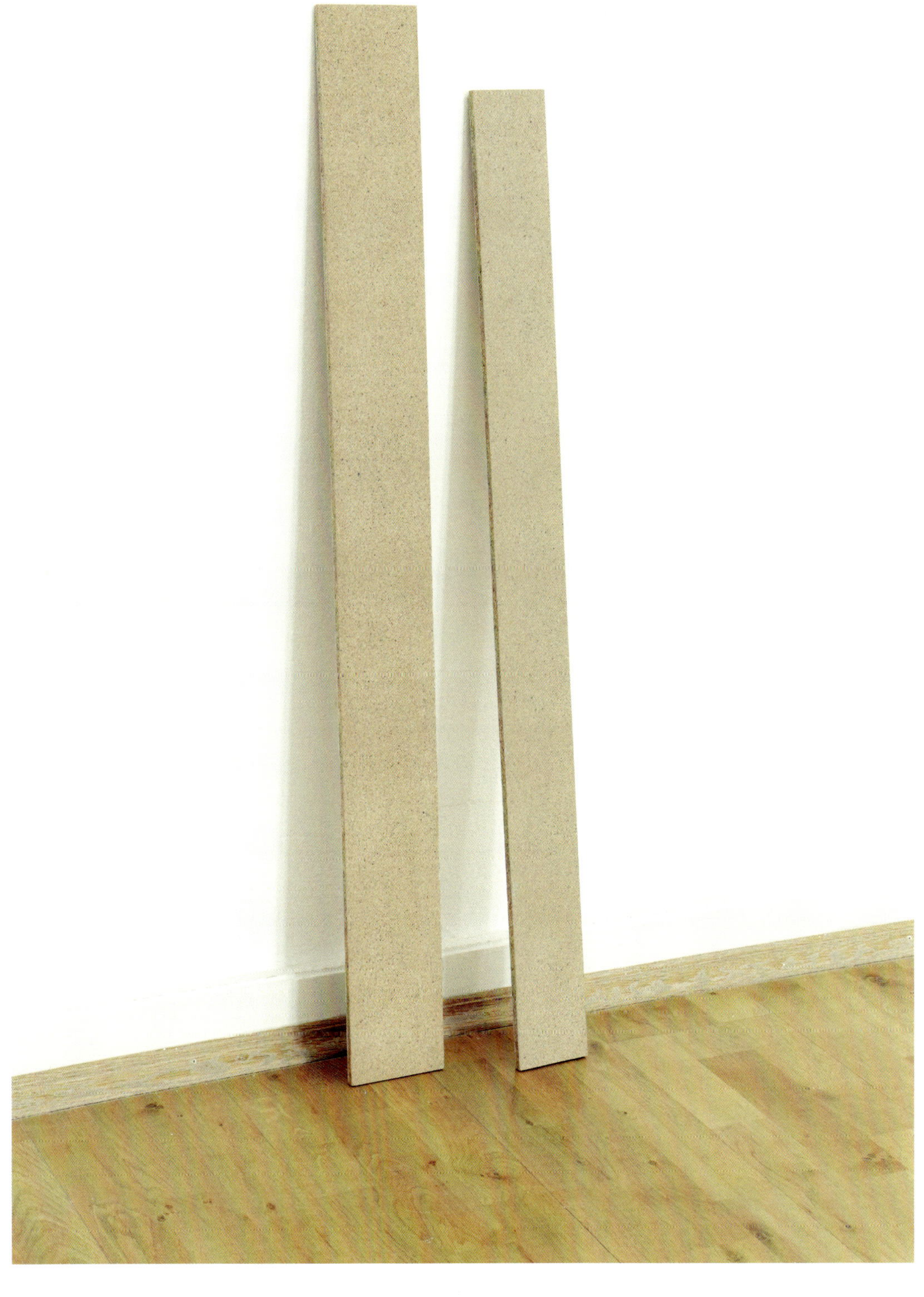

THE SEARCH FOR CONTRADICTION: JOACHIM GROMMEK'S ART-HISTORICAL EXCURSIONS *Nina Gülicher*

There is hardly an article on the work of Joachim Grommek that does not mention the art-historical precedents that often underlie his motifs. Names such as Kazimir Malevich, Andy Warhol, Robert Ryman, and Blinky Palermo are casually mentioned; some authors point to specific artworks, such as Warhol's *Red Race Riot* (1963) or Palermo's *Flipper* (1965). But the relationship between Grommek's works and the respective precedents is merely described formally, without any attempt to question its significance.

In the history of art there are countless examples of motifs or compositional details of certain works being taken up and commented on by later artists. In the 1970s, artists finally discovered the explosive artistic power of a complete copy. Such self-assured fakes have it in them to undermine traditional art-historical categories such as originality, authorship, style, and authenticity; in addition, they shift into the foreground the social and institutional conditions in which art is created and received. With exponents of appropriation art in mind—for example, Sherrie Levine or Richard Prince—Stefan Römer uses the word *fake* to describe these artistic strategies. As this term refers "not just to the copied work, but to the whole institutional process of counterfeiting," we are talking about a highly reflective artistic practice.[1] If, when delving into art history, an artist pursues the strategy of a fake, the relationship of his work to its model can hardly be explained just by observing the formal parallels and differences. On the contrary, the characteristics and background of the earlier artistic procedures must be taken into consideration as well.

In the case of Grommek's art-historical excursions, it is also possible to talk about fakes, for they do mostly relate in their entirety to existing artworks. In view of the reflective dimension of a fake, therefore, it is worth discussing what characterizes his artistic practice in relation to the precedents he uses, and what questions concerning production and aesthetics are raised.

TEXTURE The painting *Chocolate Grinder II,* completed by Marcel Duchamp in February 1914, served for Grommek as one of the first models for a fake. In earlier paintings, Duchamp had followed the principles of Cubist dissection of form, but with the two versions of the chocolate-grinder motif, he for the first time aimed at an objectively neutral depiction of the object, which he described as "precision optics." At heart, he was concerned with depersonalizing the line, as the line was supposed to serve not the precise description of an individual artistic mood, but rather the precise delineation of an object. In *Chocolate Grinder I,* Duchamp drew the interior lines and contours of the fantasy gadget with a ruler and stencil. In the second version, he dispensed with a writing implement altogether and applied the lines using threads on the canvas. As Herbert Molderings has shown, this recourse to the thread reflected the structure of technical appliances with which a spatial situation could be translated into an image that was correct according to the criterion of linear perspective.[2] The intention was to point to the scientific and philosophical premises that had underlain the creation of illusionist compositions since the Renaissance.

While Duchamp focused attention on the constructedness of illusionist depictions of space and objects, Grommek's version of the chocolate grinder(p. 19) shows how easily we put our faith in the pictorial illusion of a three-dimensional object. His model is the rightmost of the three drums from which Duchamp composed the grinding mechanism. Since it is painted on a thin wooden board rounded at the corners, Grommek creates the impression of a real wooden cylinder. Like Duchamp, he thus thematizes the way suggestive images are made—and their relationship to external reality. The difference is that he emphasizes the physical texture of the picture through the formal concurrence of picture support and depicted object. Accentuated by the irregularly applied internal lines of the drum, the picture here comes across as something individually produced. Thus, in light of how Duchamp has been appropriated by Conceptual Art since the 1960s, Grommek has been able to approach his work from a new perspective.

IMMANENCE In 2000 Grommek created a series of fakes on the basis of silkscreen prints by Warhol, for example *Double Silver Disaster* and *Red Race Riot,* both dating from 1963. Warhol used photographs from the press as his model, reproducing them by the silkscreen-print technique. One shows the newly introduced electric chair, and the other a police operation against black demonstrators during race riots in Alabama. Within the compositions, Warhol repeats individual photographs. Thus, in *Red Race Riot,* one photograph appears twice, and the other no fewer than six times. This creates awareness both of the mass media's production processes, and of the degree to which the public is accustomed to real scenes of violence. Warhol's works were a thorn in the side of modernist art critics such as Clement Greenberg, as Warhol's use of duplication and return to figuration seemed to contradict their demand for originality and immanence. However, by developing two techniques—reproduction and serialism—that allowed the depiction of figurative motifs without neglecting reflection on artistic media, Warhol was in fact extending the "ongoing self-questioning of the medium, which Greenberg's formalism saw as painting's task."[3]

Although Grommek's fakes(p. 20) turn some compositional elements of Warhol's "Disaster" pictures into their opposite, they do stand in an affirmative relationship to their models. The greatest deviation with respect to motif arises through the replacement of the photographic reproductions with superficially empty spaces, which Grommek frames in the "chipboard look" that characterizes many of his works. By sticking close to the originals when arranging the fields and their overlaps, Grommek accentuates the structure and technique of Warhol's silkscreen prints. Also pointing to their production process are the other areas, where Warhol's coloration (pink and silver) and uneven application of paint are repeated. While Warhol concentrates his confrontation with the artistic medium on the level of the images, Grommek additionally reflects on the texture of the picture support, of which he reminds us through the chipboard motif. As a result, he does not dispense with figurative depictions any more than Warhol did, and succeeds in building a bridge between object-related and work-immanent reflection.

REALITY In 2002, Grommek turned to a painter, Robert Ryman, whose reflection on the effect of his medium extends well beyond the boundaries of the paintings. For Ryman, the challenge of painting lies not in the question of representation, but in the treatment of materials: "The basic problem is what to do with paint."[4] Since the start of his career in the 1950s, Ryman has been concerned with the material texture of painting and its perception by the beholder. The predominant use of the color white makes it clear that what matters to him is the visualization of material nuances, turmoils, and harmonies rather than the creation of pictorial illusion. As the picture support, the means of hanging, and the ambience likewise influence the perception of these structures, Ryman also integrates their design into his artistic practice.

Grommek's Ryman fakes(p. 21) start from the work *Philadelphia Prototype,* which was painted in 2002 for an exhibition at the Pennsylvania Academy of the Fine Arts. Ryman fastened ten yellowish-brown sheets of vinyl to the wall with adhesive tape. Then he painted the sheets with a number of layers of white acrylic, going beyond the edges in each case. As the adhesive tape came loose in a number of places during this process, and was reapplied, there appeared, on the sheets and on the wall alike, narrow rectangles and lines in yellowish-brown or white. Grommek emphasizes the compositional function of the adhesive-tape impressions by imitating them in paint—using, however, a positive-negative process. To do this, he takes a piece of chipboard coated in white plastic and fastens to it narrow rectangular strips, which he paints in grayish-white or with the illusionist representation of a chipboard surface. While Ryman pushes the reality of his work beyond the edges of the vinyl sheets, Grommek constrains it within the material boundaries of his painting. By linking the physical and material to an illusionist plane, he extends the "reality reference" of Ryman's work by adding a painterly dimension, which, though avoided by Ryman himself, can, according to Grommek, make no less a claim to reality than the painted material. As he remarked in an interview with Damien Hirst: "Painting is real (the process) and a picture is real, wood is real and faked wood is real."[5]

IMPROVISATION In 2005 Grommek continued his confrontation with abstract-painting precedents in a series of works whose coloration and rectangular compositions are borrowed from the paintings of Piet Mondrian.(p. 22) Continuity in relation to the Ryman works is also apparent in the painterly execution. Thus the colored fields and lines look like adhesive strips fastened to the white ground, and on the lower edge of the picture is a small rectangle with the chipboard motif. In an article published in 1917 in the magazine *De Stijl*, Mondrian had demanded the development of a neo-plastic painting based on an entirely balanced arrangement of straight lines and rectangles in black, white, and primary colors.[6] These compositions, which were at the same time balanced and asymmetrical, represented for Mondrian the seed of a social order that not only was balanced and just, but that corresponded with universal forces.

While Grommek's fakes adhere to the Mondrian models in point of form and color, his deviations question the aspiration to perfection and universal validity. Thus the colored lines and rectangles do not form a balanced, closely connected grid, but rather a fragmented structure. Often the ends of the strips are cut off obliquely, so that they defy a strictly orthogonal composition. With the brown strip on the right-hand edge, Grommek chooses a color that, not least through its association with the Nazis, seems out of place. Finally, the effect of the unordered, the improvised, and the unsuited is enhanced by the seemingly unpainted chipboard at the bottom edge. As a result of these playfully free divergences, Grommek's work forms a contrast to Mondrian's stringent compositions, and thus guides the eye toward the self-contained, sometimes authoritarian structures that underlie Mondrian's paintings, in spite of the latter's claim to international, indeed universal validity.

CONTRADICTION For my final example I shall take the work entitled *Tilt,*(p. 23) which Grommek created in 2005 on the basis of the 1965 painting *Flipper* by Blinky Palermo. In spite of what the geometric structure might suggest, there is no superordinate system behind Palermo's composition. On the contrary, the motif comes from his personal surroundings, as a similar pattern adorned the sides of a pinball machine in his local pub. Palermo here combines the triviality of the motif with a critique of the order and the claim to objectivity on the part of modern geometric abstraction. Thus he puts the austerity and predictability of the square grid out of kilter by cropping the left-hand edge of the picture. As Bernhart Schwenk notes, Palermo countered his doubts concerning modernist theories "with irony, by emphasizing in his pictures precisely the elements of the irregular, the individual, and the fragmentary."[7]

Palermo's doubt closely corresponds to Grommek's tongue-in-cheek criticism of the dogmatism of Mondrian's abstract painting. However, for Grommek the concept behind *Flipper* apparently did not go far enough, so he subjected it to a fundamental revision in *Tilt.* In the fake, the blue grid is totally fragmented, while a few discordant colors are added and the coloration of the squares changed. In addition, the painting comes across in many places as unfinished, for the familiar chipboard look can be seen here and there. While Palermo's composition contains a precise imbalance, Grommek has added an aesthetic of trash and destruction. The latter is alluded to in particular by the title, since a pinball machine automatically stops the game with the signal "tilt" when a player tries to influence the path of the ball with an excessive jolt to the table. In its combination of geometric structure and perverse disorder, this work would doubtless have delighted the Dada circles around Kurt Schwitters and Theo van Doesburg, whose work moved between these poles. For just as in the works of those artists of the avant garde, we are concerned here with the contradictions inherent in the way human beings deal with life.

In considering Grommek's art-historical excursions, we can say generally that they focus on the encounter between contradictory elements. Whether in the case of Duchamp's chocolate-grinder, Warhol's disaster pictures, Mondrian's geometric abstractions, or Palermo's satire on abstraction, the models are always works concerned with the relationship between reality, image, and material, works which thus question their own means. In his fakes, Grommek extends this reflective potential by integrating provocative and ironic contradictions into the motifs.

NOTES 1. Stefan Römer, *Kritik von Original und Fälschung: Künstlerische Strategien des Fake* (Cologne, 2001), p. 14. 2. Herbert Molderings, *Kunst als Experiment: Marcel Duchamps "3 Kunststopf-Normalmaße" (Passarelles 8)* (Munich and Berlin, 2006), p. 36. 3. Michael Lüthy, "Die scheinbare Wiederkehr der Repräsentation: Ambivalenzstrukturen in Warhols frühem Werk," in *Andy Warhol: Paintings 1960–1986*, ed. Martin Schwander, exh. cat. Kunstmuseum Luzern (Ostfildern-Ruit, 1995), p. 32. 4. Quoted from *Fundamentele schilderkunst / Fundamental Painting*, ed. Eliane de Wilde, exh. cat. Stedelijk Museum (Amsterdam, 1975), p. 64. 5. "Sich als echt erweisende Malerei: Ein Interview mit Joachim Grommek von Damien Hirst," in *Joachim Grommek: Flecken*, exh. cat. Galerie Michael Haas (Berlin, 1994), n.p. 6. Cf. Piet Mondrian, "De nieuwe beelding in de schilderkunst" (Pt. 3), in *De Stijl* 1 (January 4, 1918), pp. 29–31. 7. Bernhart Schwenk, *Palermo*, exh. cat. Bayerische Staatsgemäldesammlungen, Munich (Ostfildern-Ruit, 2001), p. 26.

"I COULD HAVE PAINTED GREEN PICTURES, TOO ..." *Susanne Pfleger in conversation with Joachim Grommek*

Joachim Grommek's works represent a subtle commentary on basic issues of painting, and put our faculty of perception to the test. At first glance, the pictures seem to be examples of geometric abstraction, but, while apparently familiar, they defy classification. Colored adhesive strips of different widths are stuck across a chipboard picture support. But this is a classic trompe l'œil, for the artist uses an elaborate process to paint the seemingly stuck-on adhesive tape on a picture support which, while indeed chipboard, is chipboard primed in white and then painted to look like chipboard. In his recent works, Grommek has also used aluminum as his picture support, and has experimented with larger formats. The paintings and room installations bear witness to a continuous search that questions the nature of art itself. On the occasion of the exhibition *Grommek—Malerei 3000* in the Städtische Galerie Wolfsburg, Susanne Pfleger spoke with Joachim Grommek in his Berlin studio.

SUSANNE PFLEGER: One theme of our exhibition program at the Städtische Galerie Wolfsburg is "Learning to See." The act of seeing can convey insights. Your works challenge viewers expressly to look carefully at what they see. Does this constitute a strategy on your part?

JOACHIM GROMMEK: Basically the opposite. I want painting to come across as a camouflage that you *don't* see. The works are intended to function first of all as pictures. The trompe l'œil effect allows me to execute them, compositionally, in a way that appears imprecise. This is intentional. The geometric structure evinces imperfections, so a certain asymmetry is a compositional principle. It is part of my concept that the painted fake is not immediately recognized as such by viewers. Little clues may then disconcert them, for example, the white paint on the edges in places. Why should there be any paint there at all, when at first glance what you think you're looking at is a piece of chipboard with adhesive tape stuck on it? The paint is out of place! Then they start inspecting the surface of the picture meticulously. In the best-case scenario, this starts a process that characterizes art generally: either you perceive something properly, or not at all. One person sees something, another doesn't.

S. P.: You have always pursued this conceptual approach. Was this the result of a conscious decision?

J. G.: No, it just happened. In the early 1980s I started painting cardboard to look like rusty steel, and I affixed it to the wall with sticky tape. That was quite fun, because a steel plate would have fallen off, if only because of its weight. Then I painted wood grain on canvas or wood, in other words pictures whose surfaces were intended to look more perfect than real wood—no faults, no knots. My model was a commercially available *faux* wood surface material called Resopal, in other words already a fake. Here, too, traces of the white ground on the edge point to the fact that something has been painted. From their dimensions, these imitations are stand-ins for pictures. In art-supplies shops you'll see tables of sizes for landscapes, portraits, and figures, and I used these formats so that the wood imitations stand for the prescribed subjects—in other words, they are to be seen as pictures. I then decided not to paint just any old thing without knowing what, because actually everything's already been painted. That's why I painted wood, among other things. I could just as well have painted green pictures, or yellow ones.

S. P.: Where does this predilection for chipboard come from?

J. G.: Even as a child, when I was five or six, I built my first skis from chipboard, tied them onto my feet, and skied over the snow with them. I could hardly slide on them, but that didn't matter: I had skis. Later I made loudspeakers and furniture from chipboard. I experimented a lot with chipboard, it was the cheapest material going.

S. P.: But in the meantime you're using other materials . . .

J. G.: Two years ago I started using aluminum as a picture support. Scraps of foil of the sort used in the advertising business for plotting inscriptions or logos serve as models. Mostly they're geometric forms. The new assemblage of the various colored scraps of foil produces pictorial structures that allow the original intention of the die-cutting process to be recognized, for example the plotting of a particular letter or fragments of well-known simple pictograms or everyday symbols. The haptics on the aluminum surface convey the impression of an adhesive film, but once again, everything is painted, including the superimposed scraps of film. But the aluminum surface itself isn't over-painted, I leave it as it is in order to cause a reverse confusion. All those who've recognized the fake with the chipboard or the adhesive strips will of course assume that here, too, the surface is imitated.

S. P.: In the chipboard pictures everything is painted, isn't it? The chipboard surface and the adhesive tape?

J. G.: Yes. Here the chipboard is primed with a white ground, partly or entirely, then painted to look like chipboard. Then I use a roller to apply the areas of paint that look like film or stuck-on paper. Finally I paint the adhesive strips. They're of different colors and widths, and some are transparent. This is where the actual composition begins or ends.

S. P.: How do you choose the colors?

J. G.: I make notes on little cards, with color combinations from advertising or truck tarpaulins. But often I collect these and never use them. Mostly I have the colors in my head, and combine them relatively spontaneously. If I choose a color that doesn't feel right, whether for the surface or the pretend adhesive strips, I take real adhesive strips of different width and color like I did to start with, and I rearrange them until the composition is in order—or disorder, as the case may be. Then I take a photograph and paint the "new" adhesive strips onto the picture. You can't lay down general rules for color combinations. It may be that a blue-and-red sequence works for one picture but not for the next. The choice of color depends of course on the proportions of the individual areas, whether it's a broad or narrow "adhesive strip," for instance.

S. P.: Your works rarely have titles . . .

J. G.: If one spontaneously occurs to me, then they get one. For example, there's a picture called *P. A. without Mirror* (Pamela Anderson without Mirror, 2006).(p. 91) The title came into my head somehow, and seemed to fit. And still does. I don't look obsessively for a title. That's why most pictures are untitled. Some series are numbered.

S. P.: Starting from the two-dimensional painted chipboards, you moved into three dimensions. What importance do installations have?

J. G.: These works are even more inconspicuous, and to start with they're not even perceived as art. People are more likely to pass by an installation that barely comes across as staged, because such a casual presentation is not expected in a museum. My installations have a temporary character: chipboards seem to be painted only rudimentarily, they lean against a wall as though the room in question were being refurbished and the work were not yet finished. Maybe people also wonder if the organizers haven't gotten around to completing the setup. Or, if there's a chipboard bench in the room, some people assume they don't have enough money for a "decent" bench. But those are considerations that bother very few visitors. Most installations are presented so subtly that most visitors don't even notice them. *Bitte stehen lassen . . .* (2005)(p. 10) is one such work. Here a chipboard on which I've imitated the surface chipboard structure is leaning against the wall. There's a scrap of paper wedged between the board and the wall with the words "Please leave here. Will be picked up tomorrow." On the one hand you think of a piece of working material that someone's forgotten, but on the other hand all visitors know that any object hanging or standing in a museum exhibition room must be art. The sentence on the scrap of paper could therefore be read as: "Art, please leave!" The same is true of the brown adhesive tape painted on the wall, with a question mark written on it in blue felt-tip (*Untitled,* 2011).(back cover)

S. P.: Can people sit on your bench *sitting, waiting, wishing* (2004)(p. 49) to take a rest?

J. G.: Everything that looks like chipboard is of course painted. The seat is painted beige apart from a narrow strip. Yes, you can sit on it.

S. P.: Do your works contain a hint of criticism of the whole exhibition system? I'm thinking of the installation with the plinths.

J. G.: Certainly criticism plays a role. In the plinth installation (2006),(p. 15) for example, the surfaces are treated in such a way that the white tops have a bit left unpainted, to reveal the "chipboard" surface. It looks as though someone has painted the plinth with an object already standing on it, and then simply painted around the object, carelessly, so that the outline is irregular. The objects themselves are presumed to be with the restorer, having been damaged as a result of the careless painting. There are no limits to the imagination, anyone can guess what might have been standing on the plinth. A round "unpainted" space suggests a vase. Or maybe a bust? You can imagine any object you might see in a museum. I discovered the plinths by chance in the attic of the Kunstverein Springhornhof, and I had the idea for this installation because I'd previously done the same thing in reverse. I'd affixed paper to painted chipboard, primed it white, and then removed it. This gave rise to the same rough edges. For the plinth installation, by contrast, first I painted the surface white, and then I painted the fake chipboard areas, before masking the latter in a rough-and-ready manner and priming the whole surface white again, so that a little of the ground ran under the edges of the mask.

S. P.: For me, your works often evince an ironic aspect. What role does humor play?

J. G.: Without a sense of humor you can't even begin to look at my works. Art has to be fun, both for the artist and for the viewer, otherwise it's pointless. That's something both Duchamp and Palermo told me.

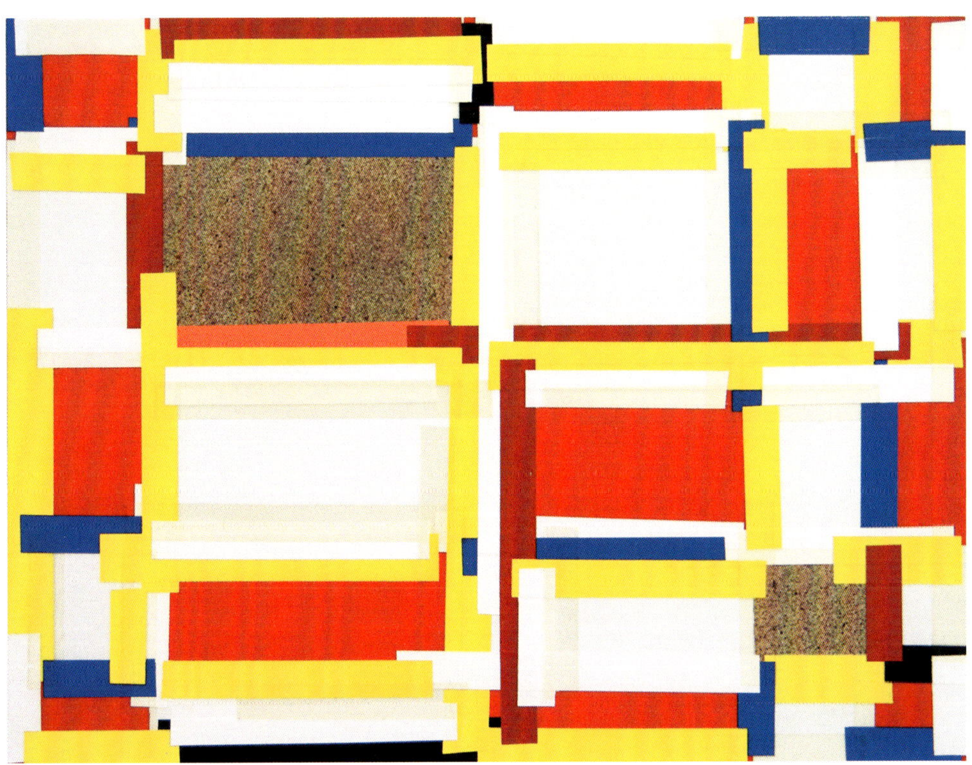

Francis, 2006

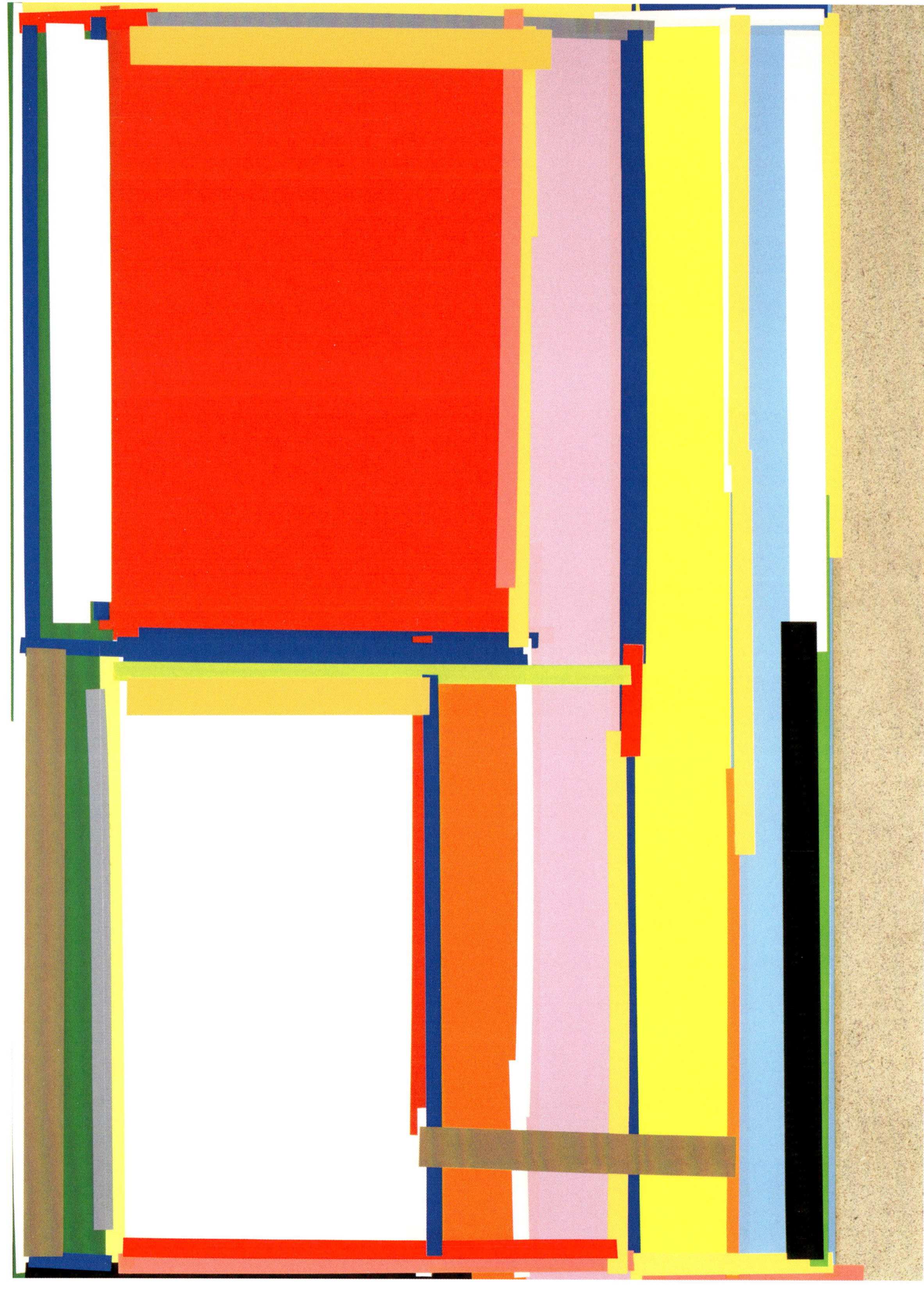

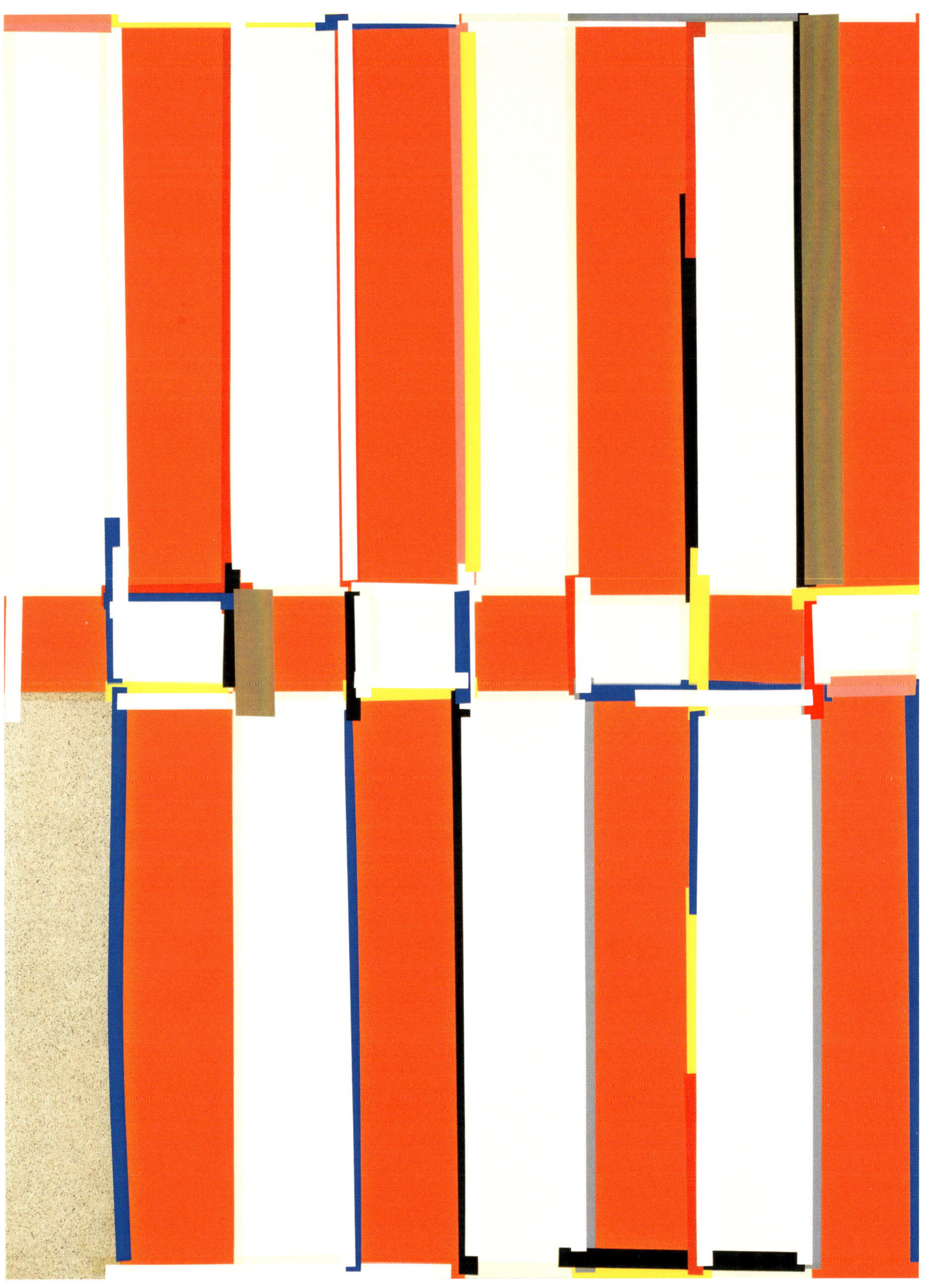

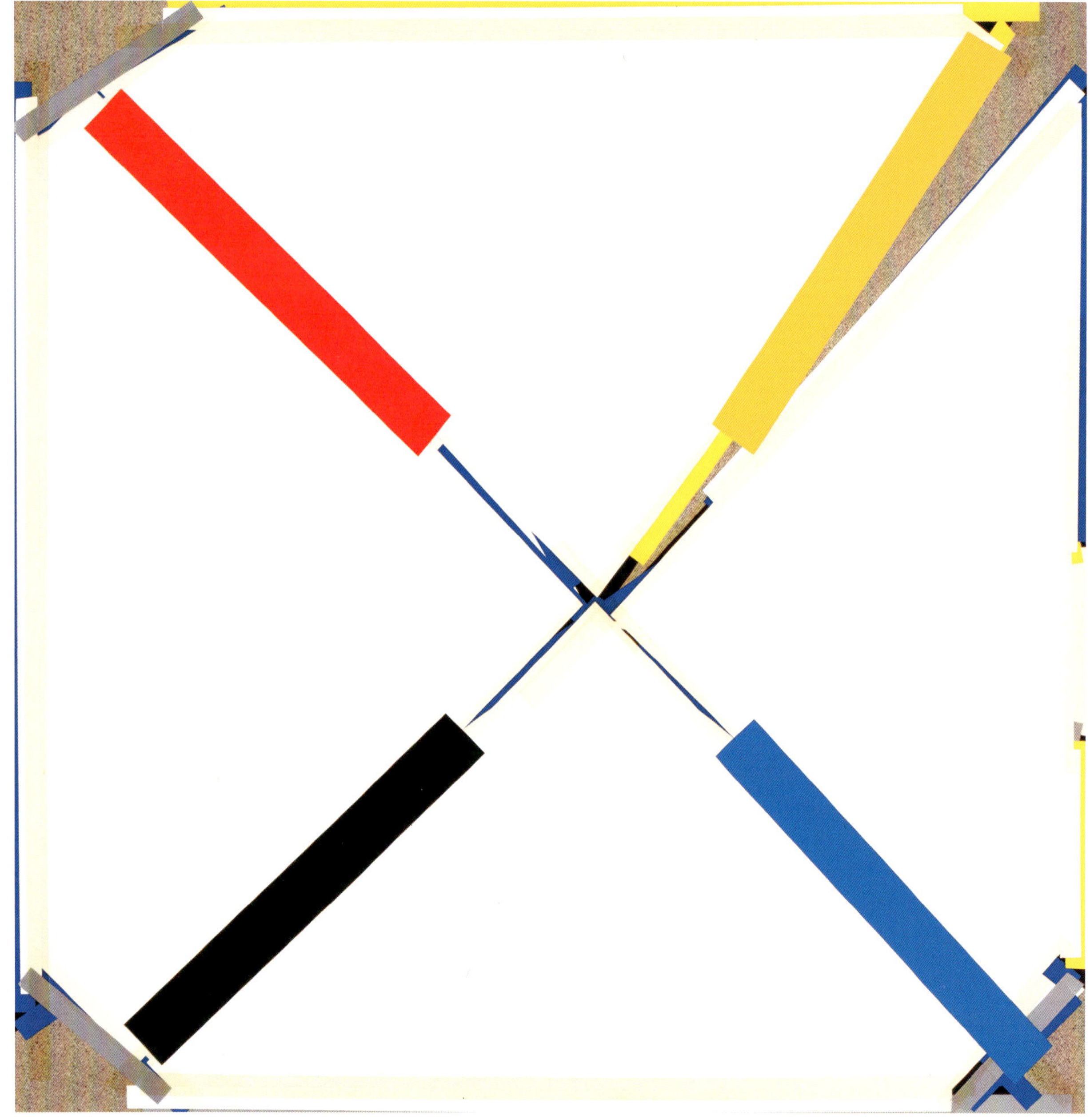

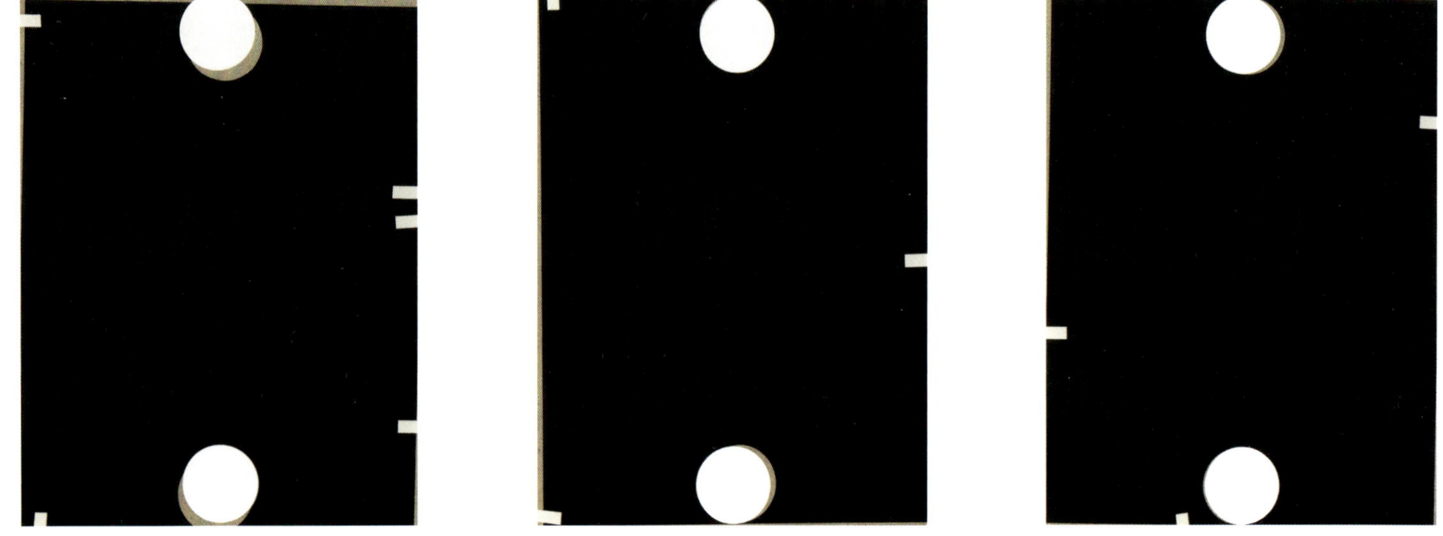

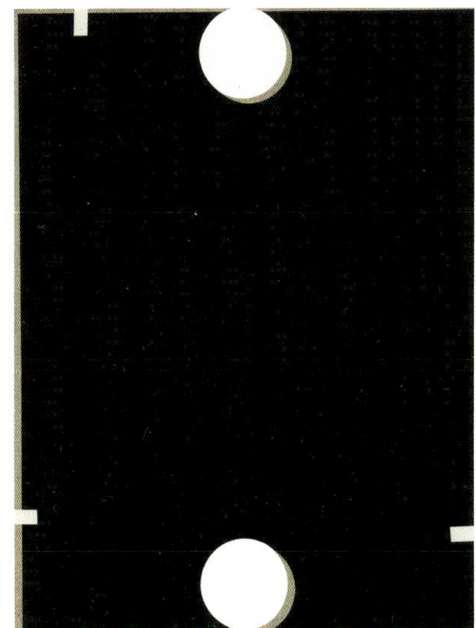

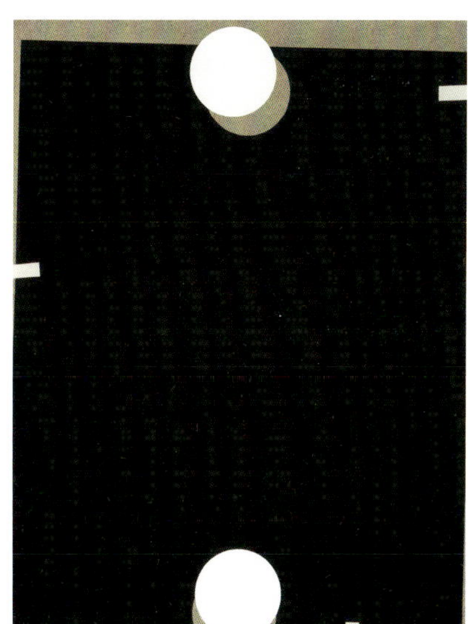

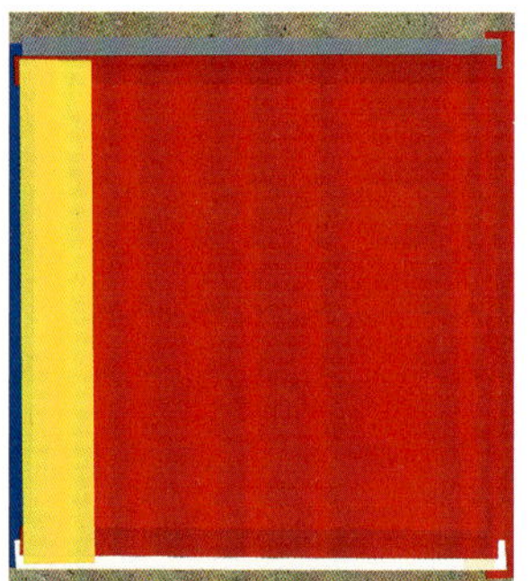

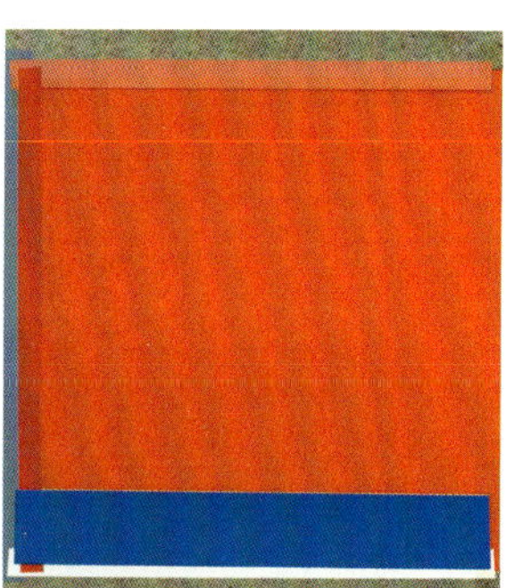

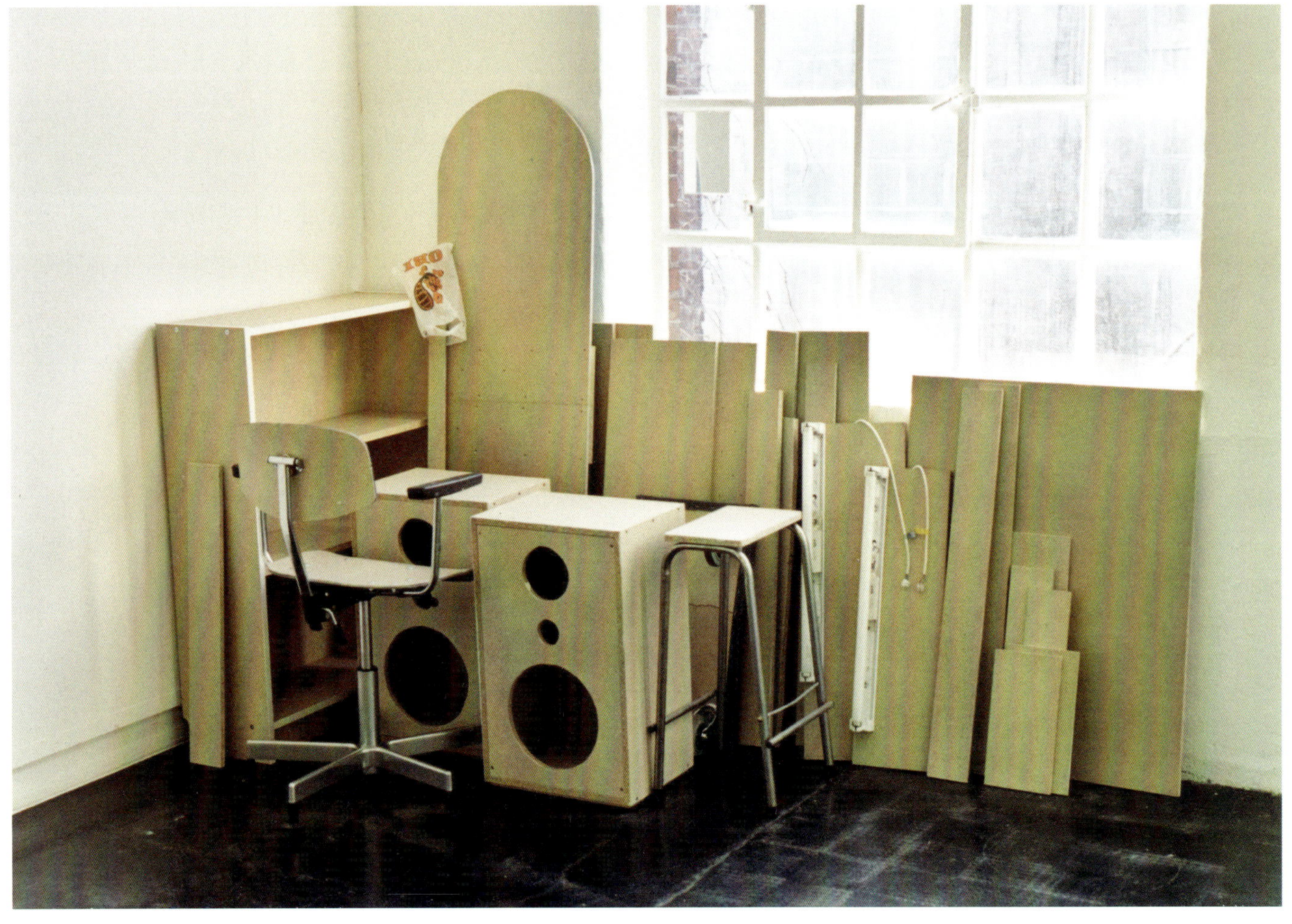

o. T. / Untitled # 86, 2006

o. T. / Untitled # 122, 2009

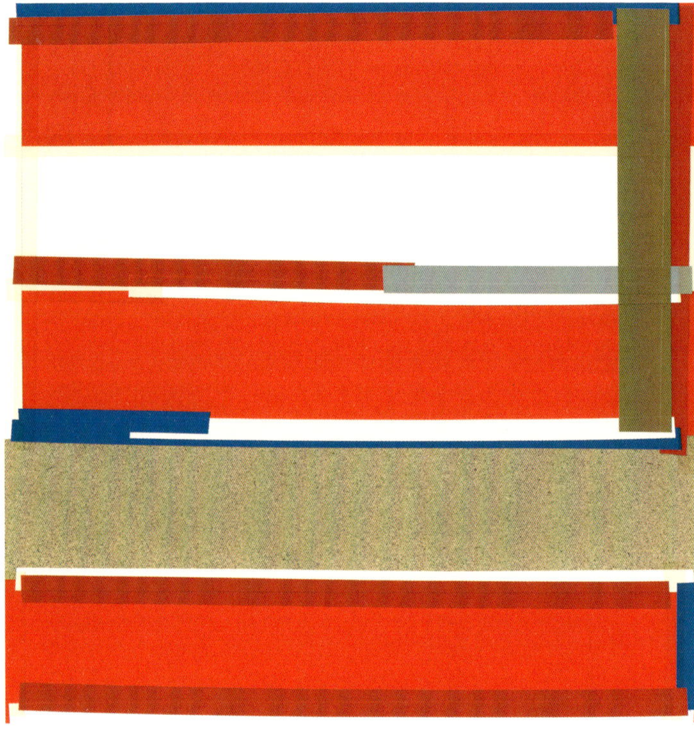

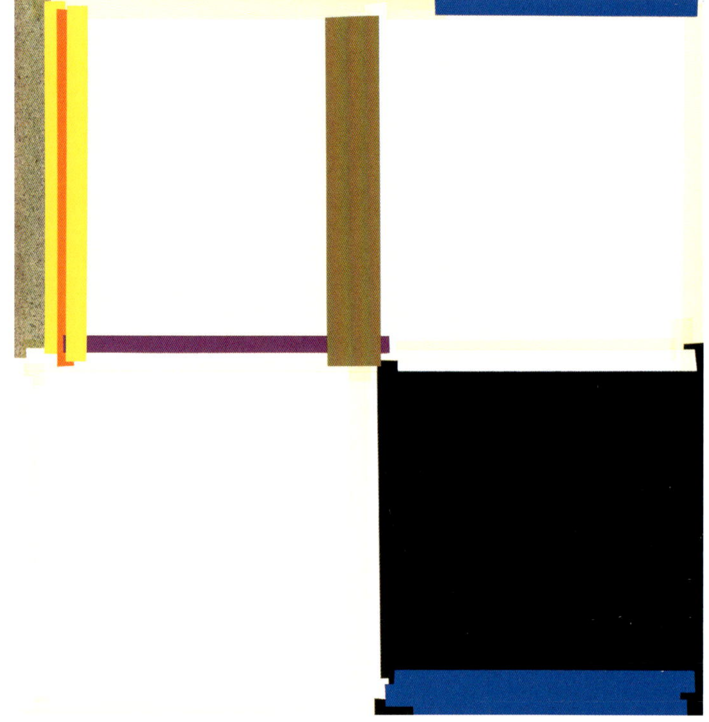

o. T. / Untitled # 100, 2007

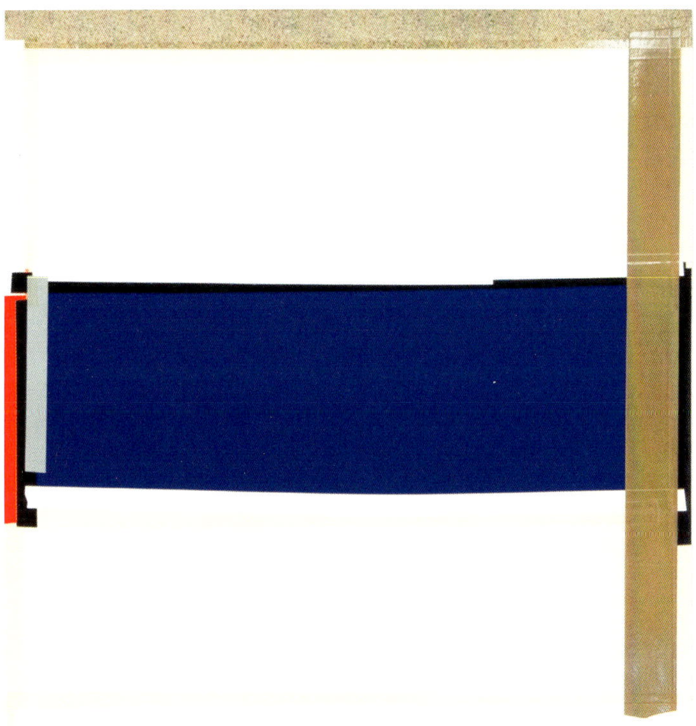

o. T. / Untitled # 88 (rattle snake), 2006

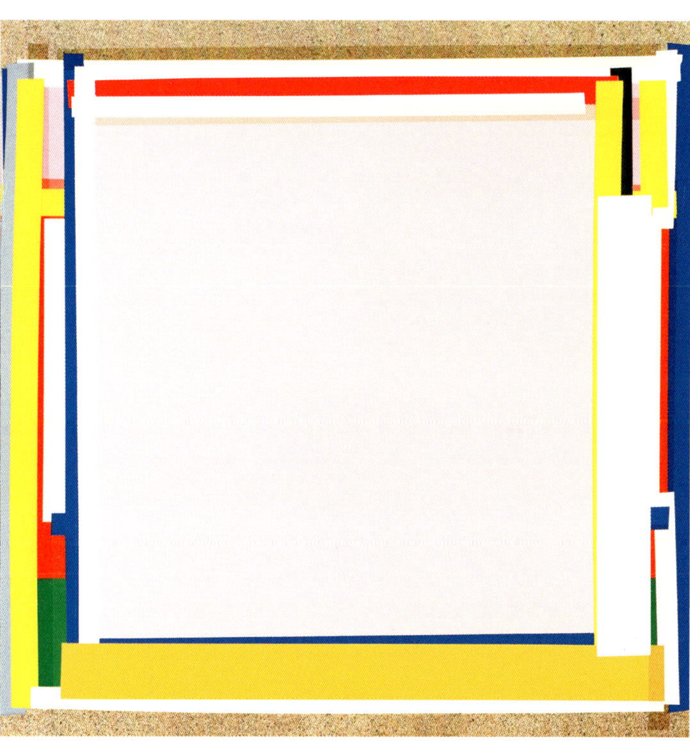

o. T. / Untitled # 125, 2009

o. T. / Untitled # 85, 2006

o. T. / Untitled # 52, 2005

o. T. / Untitled # 24, 2004

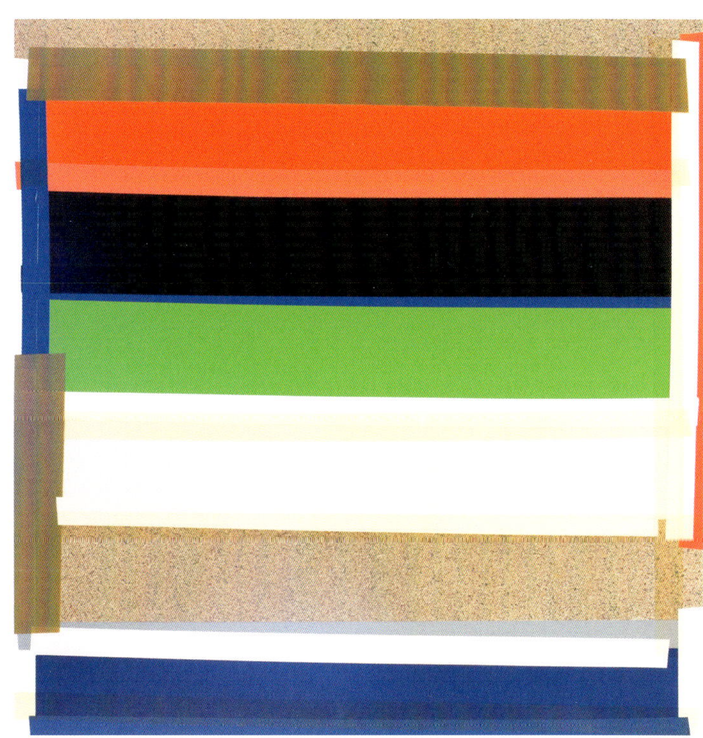

o. T. / Untitled # 10, 2002 / 03

o. T. / Untitled # 79, 2006

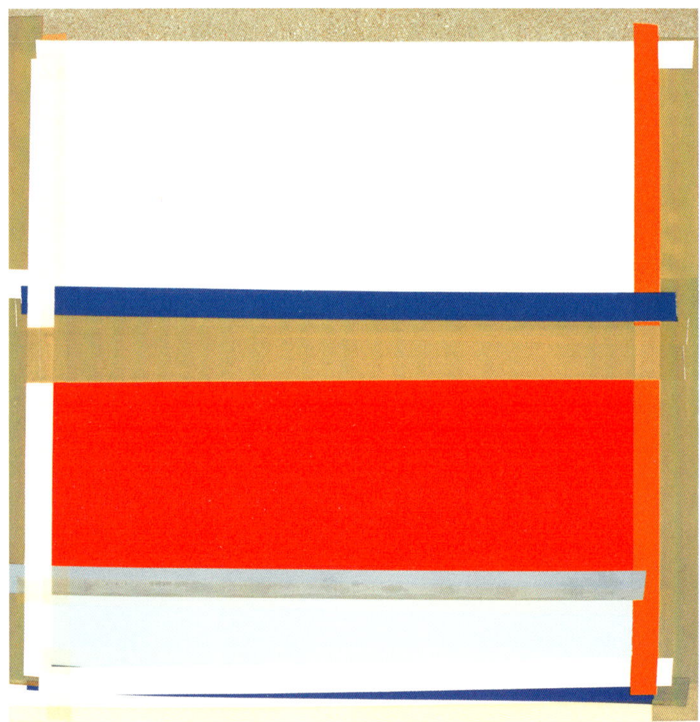

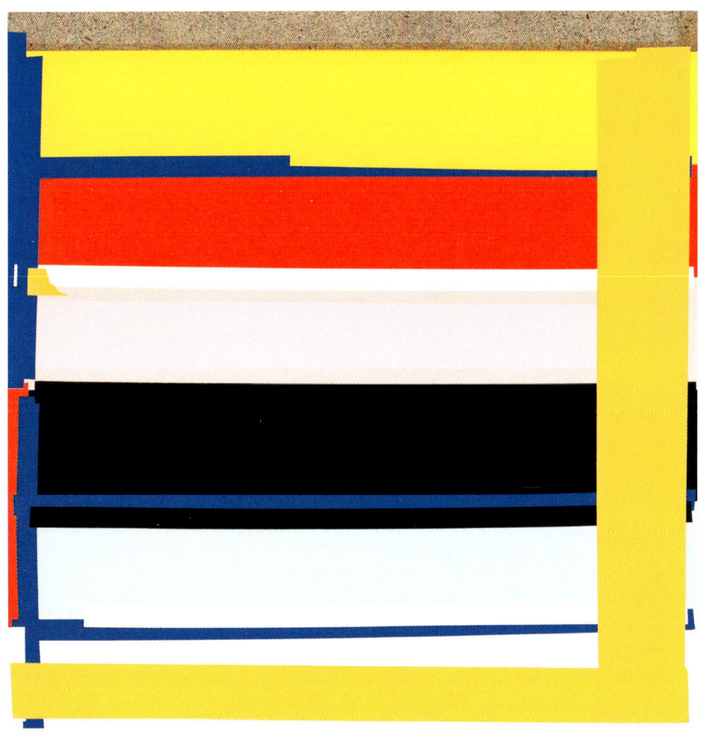

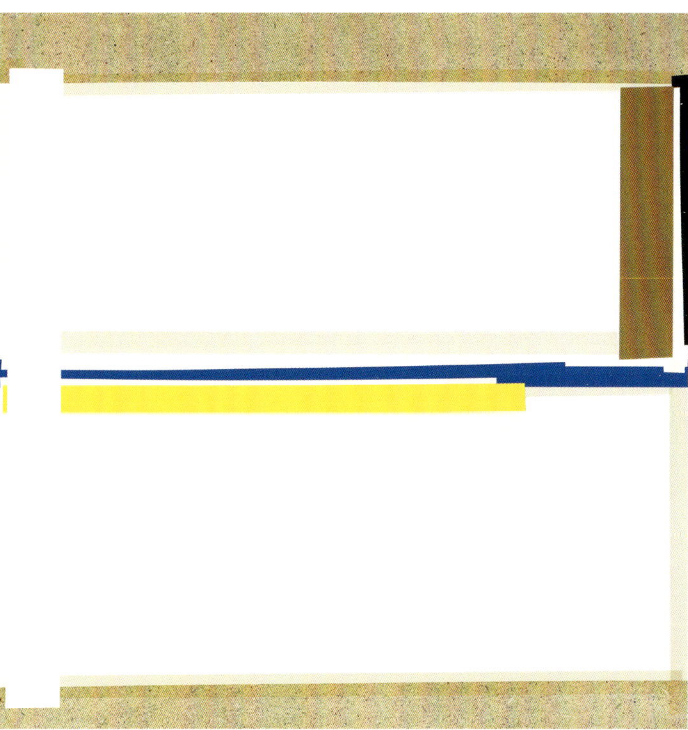

o. T. / *Untitled # 107*, 2008

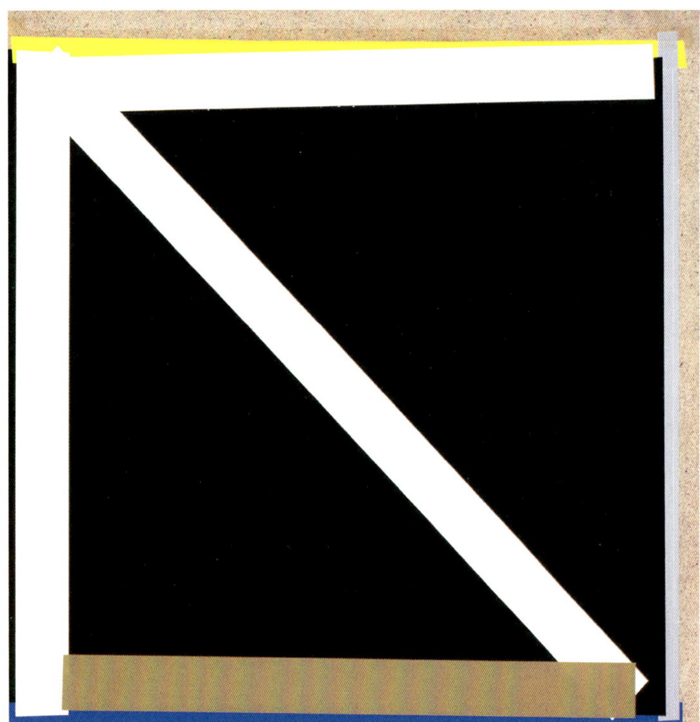

o. T. / *Untitled # 99*, 2007

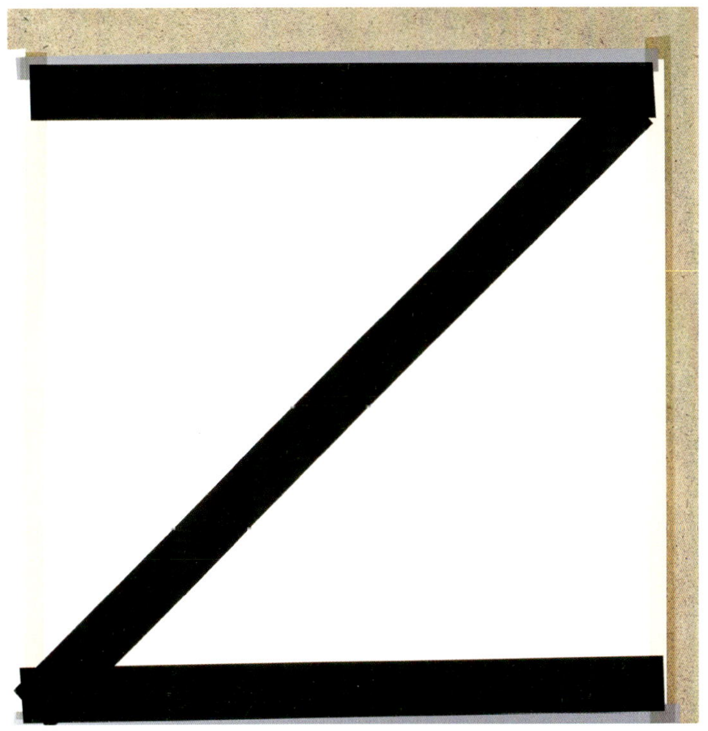

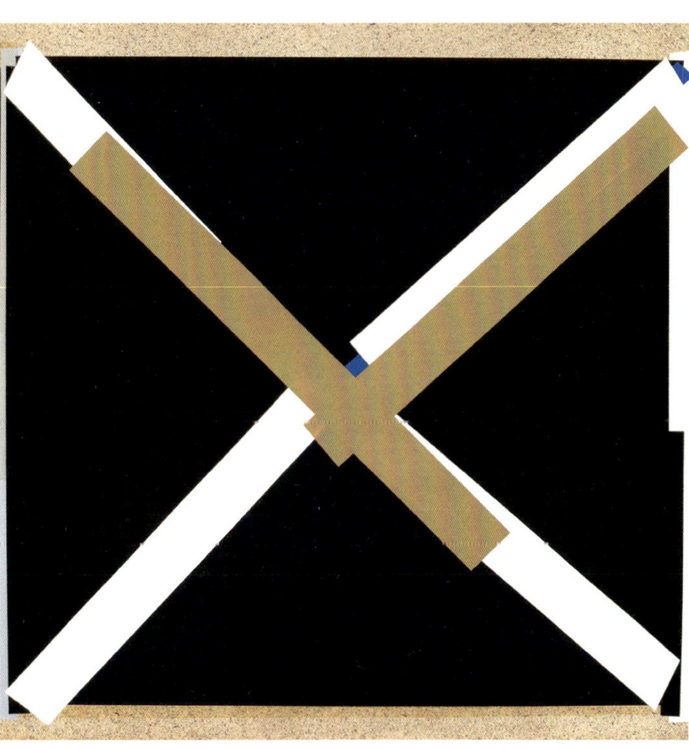

o. T. / Untitled # 118 (Polaroid III), 2008

o. T. / Untitled # 114, 2008

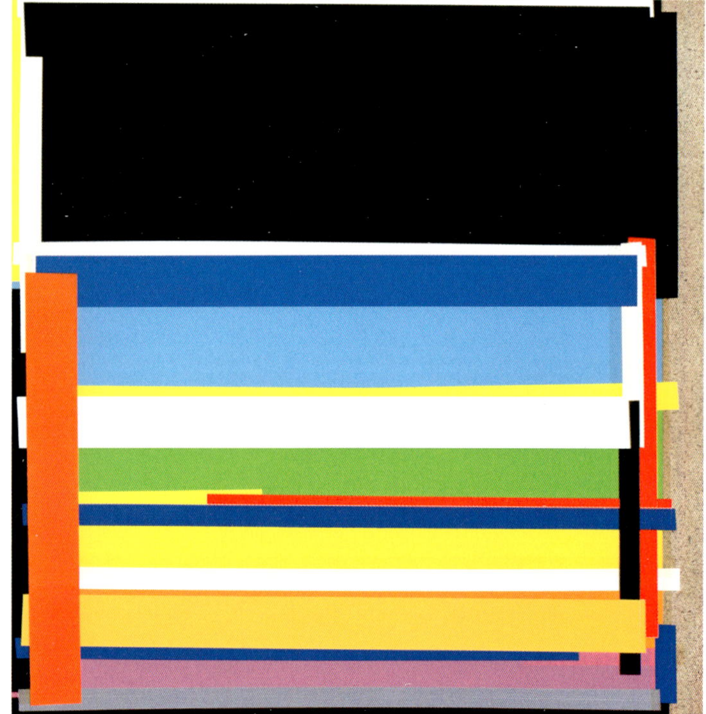

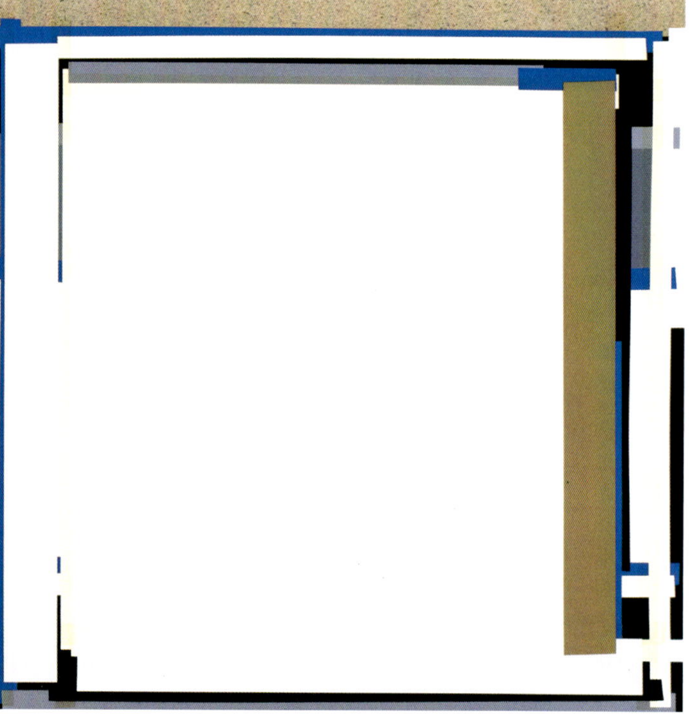

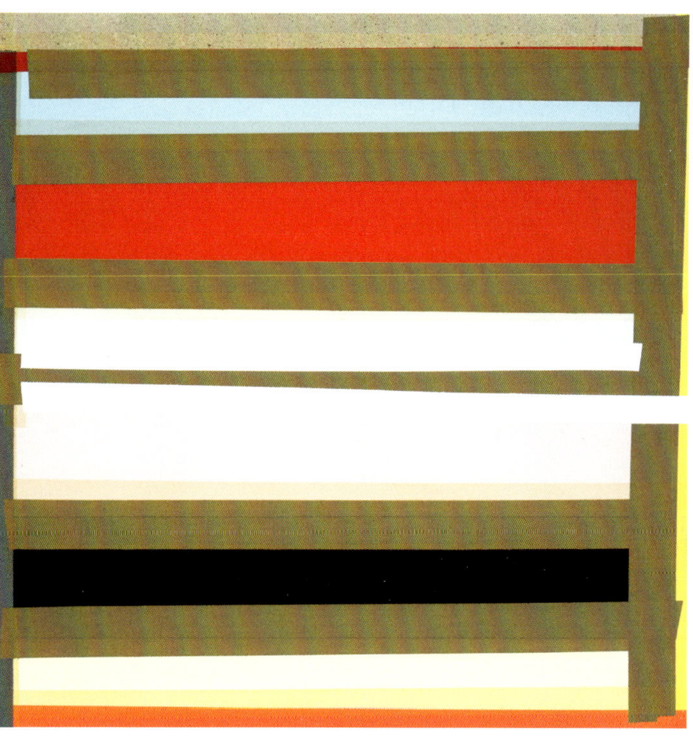

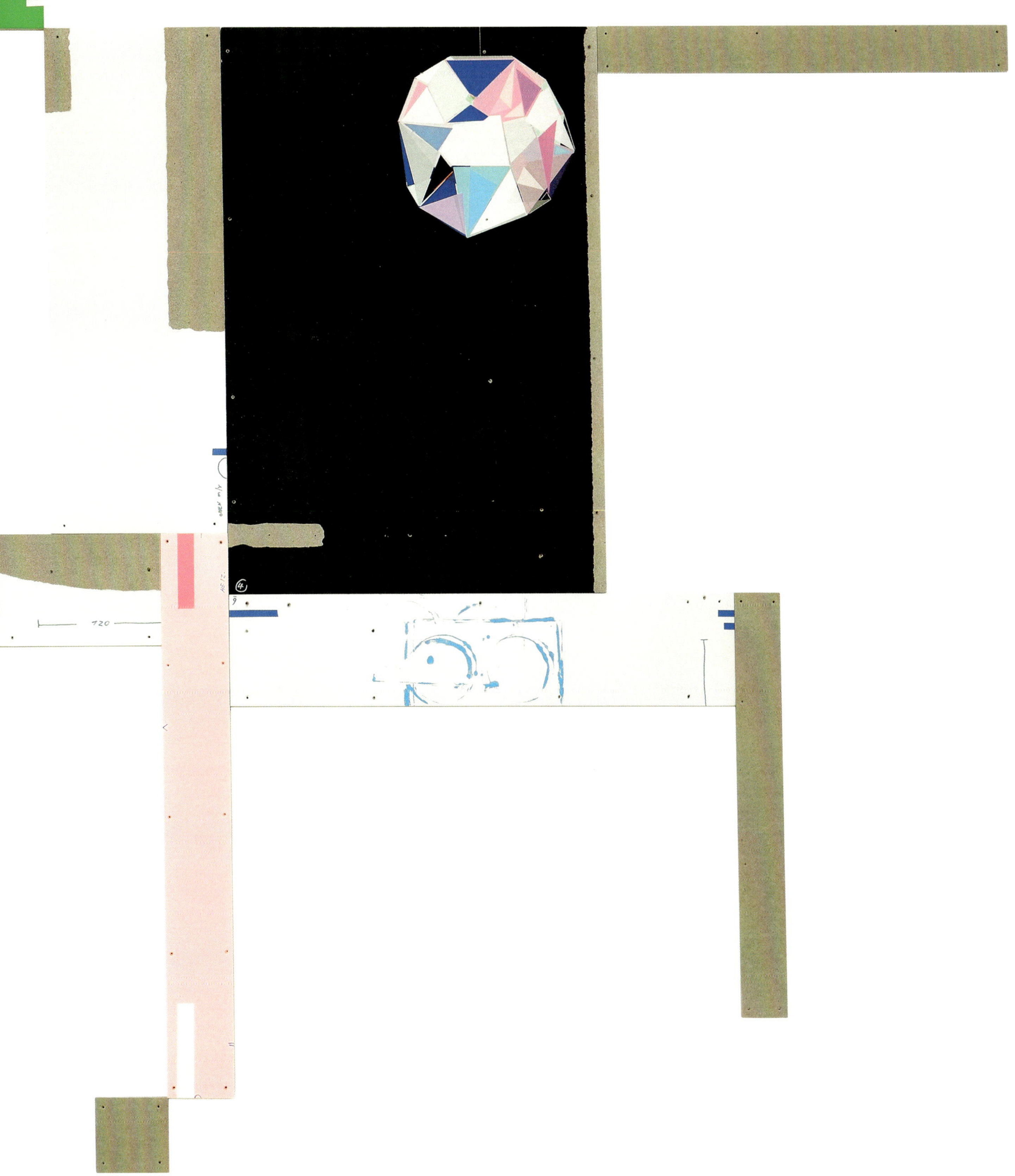

JOACHIM GROMMEK

BIOGRAFIE / BIOGRAPHY

1957 Geboren / Born in Wolfsburg
Lebt und arbeitet / Lives and works in Berlin

1989–1991 Arbeitsaufenthalt in València / Worked and lived in València
1982 Meisterschüler bei / Studied with Professor Malte Sartorius
1976–1983 Studium Freie Kunst und Film / Studied fine arts and film, Hochschule für Bildende Künste Braunschweig bei / with Professor Malte Sartorius und / and Christoph Jannetzko

STIPENDIEN / RESIDENCIES

1995 Arbeitsstipendium des Berliner Kultursenats / Berlin Senate Scholarship
1982 Nachwuchsstipendium des Landes Niedersachsen / State of Lower Saxony Scholarship for Emerging Artists

EINZELAUSSTELLUNGEN (Auswahl) / SOLO EXHIBITIONS (Selection)

2013 *... painting show,* Haus Konstruktiv, Zürich / Zurich*
2012 rahncontemporary, Zürich / Zurich
never know, Wilhelm-Hack-Museum, Ludwigshafen*
Ohne Eichhörnchengrün, Galerie der Stadt Remscheid*
2011 *Joachim Grommek,* artfinder Galerie | Mathias Güntner, Hamburg
Joachim Grommek, Vous Etes Ici, Amsterdam
Grommek – Malerei 3000, Städtische Galerie Wolfsburg*
2010 *Joachim Grommek,* rahncontemporary, Zürich / Zurich
2009 *Malerei 2009,* FS.ART, Berlin
This is my choice (works 1980–2009), Vous Etes Ici, Amsterdam
Joachim Grommek, Bei Horst Schuler, Düsseldorf
Joachim Grommek (mit / with Rolf Rose), artfinder Galerie | Mathias Güntner, Hamburg
2008 *Joachim Grommek,* UBR Galerie, Salzburg
2007 *Joachim Grommek,* artfinder Galerie | Mathias Güntner, Hamburg
Joachim Grommek (mit / with Beat Zoderer), Sebastian Fath | Contemporary, Mannheim
Joachim Grommek, Kunstverein Ravensburg*
2006 *Joachim Grommek – Tilt,* Vous Etes Ici, Amsterdam
Joachim Grommek, Sebastian Fath | Contemporary, Mannheim
Joachim Grommek, Künstlerverein Malkasten, Düsseldorf
Grommek – Tilt, Kunstverein Springhornhof, Neuenkirchen*
2005 *TreStanzeSpazioA,* SpazioA, Pistoia
Joachim Grommek, Vous Etes Ici, Amsterdam
2004 *Joachim Grommek – Fleisch,* Café Moskau, Berlin
Joachim Grommek, artfinder Galerie, Hamburg
Joachim Grommek (mit / with Rudi Molacek), WBD, Berlin
2001 *Verführung des Anderen. Aus der Sammlung Joachim Grommek,* BRIX Kunstraum, Berlin
1995 *Big Techno Vomit,* Galerie Ludwig, Krefeld
1994 *Joachim Grommek – Flecken,* Galerie Michael Haas, Berlin*
1992 *Joachim Grommek,* Galerie Ludwig, Krefeld*
1990 *Joachim Grommek,* Zwinger Galerie, Berlin
1989 *Joachim Grommek, My Name's Lolita,* Art Galerie, València
1988 *Joachim Grommek,* Zwinger Galerie, Berlin
Joachim Grommek, Bruno Brunnet, Köln / Cologne
1987 *Joachim Grommek,* Zwinger Galerie, Berlin

GRUPPENAUSSTELLUNGEN (Auswahl) / GROUP EXHIBITIONS (Selection)

2011 *actual fact / factual fact. Markus Amm – Joachim Grommek – Lothar Götz,* Märkisches Museum, Witten*; The Nunnery Gallery, London*
Glückliche Krieger, artfinder Galerie | Mathias Güntner, Hamburg
Poisson d'Avril, Vous Etes Ici, Amsterdam
2010 *Abstrakt,* The Forgotten Bar / Galerie im Regierungsviertel, Berlin
Thema Frau, September, Berlin
Optical Shift. Illusion und Täuschung, b-05 Kunst- und Kulturzentrum, Montabaur*
Telephone, Matthew Bown Galerie, Berlin
Alles Berliner, Galerie Niels Borch Jensen, Berlin
Das Fundament in der Kunst. Die Skulptur und ihr Sockel seit Alberto Giacometti, Gerhard Marcks Haus, Bremen; Arp Museum Bahnhof Rolandseck, Remagen*
2009 *C.D.R.D.E.E.J.G.M.S.,* rahncontemporary, Zürich / Zurich
Das Fundament der Kunst. Die Skulptur und ihr Sockel seit Alberto Giacometti, Städtische Museen Heilbronn*
Große Herbstausstellung, KWADRAT, Berlin
If You Fake the Plane, Your Nose Will Grow, Kuttner Siebert Galerie, Berlin
Hommage an das Quadrat: Werke aus der Sammlung Marli Hoppe-Ritter, Museum Ritter, Waldenbuch
Art Minded V, Stedelijk Museum, Schiedam
ALLES, Wilhelm-Hack-Museum, Ludwigshafen
Power to the Paint, Arti et Amicitiae, Amsterdam
2008 *There is Desire Left (Knock, Knock). Werke aus der Sammlung Mondstudio,* Kunstmuseum Bern*; Kunstmuseum Wiesbaden*
Berlin, ... – 2008, KWADRAT, Berlin
Variationen über das schwarze Quadrat, Kunstverein Pforzheim
Positionen reduzierter Malerei, Sebastian Fath | Contemporary, Mannheim
I don't wanna talk about it, glue, Berlin
2007 *Perplex,* Künstlerhaus Dortmund*
De Gerhard Richter à Markus Sixay. Particules d'Histoire, LAAC, Dunkerque
Bildertausch 2. Sammlung Marli Hoppe-Ritter, Museum Ritter, Waldenbuch
Ob ich das sehe, Heidelberger Kunstverein*
2006 *minimal quotation,* artfinder Galerie | Mathias Güntner, Hamburg
Goethe abwärts – Deutsche Jungs etc. Die Sammlung Falckenberg, Mönchehaus Museum für moderne Kunst, Goslar*
UWAGA, Kunstverein Aichach
Friends and Enemies, Gagosian Gallery – bb4 Projektraum, Berlin
2005 *A World without Paper,* Vous Etes Ici, Amsterdam
REMIX. Focus Malerei, Columbus Art Foundation, Ravensburg
Goethe abwärts – Deutsche Jungs etc., The Falckenberg Collection, Helsingin kaupungin taidemuseo, Taidemuseo Meilahti, Helsinki*
UWAGA, Kunstraum Düsseldorf
Der Harz, Aschersleber Kunst- und Kulturverein*
A Second Sight. International Biennial of Contemporary Art (IBCA), Nationalgalerie Prag / National Gallery, Prague*
Richtig wichtig: Kunst uit Berlijn, P/////AKT, Amsterdam
2004 *Welt ohne Gegenstände,* glue, Berlin*
Uwaga Berlin!, Bałtycka Galeria Sztuki Współczesnej, Słupsk*

2004 *Editionen. 4 Jahre WBD,* WBD, Berlin
subversiv, sexy und stilvoll – malerei heute, Galerie im Stadtmuseum Jena
2003 *Pictura Special,* Nr. / no. 1, *seriously sexed up,* Teekengenootschap Pictura, Dordrecht*
Brenner, Grommek, Oelze, Streyl, Sammlung Harald Falckenberg, Hamburg
2002 *bienvenue willkommen welcome @ altkirch,* CRAC Alsace, Altkirch
2001 *Hannibal Collector privat,* Sammlung Harald Falckenberg, Hamburg
2000 *Pflummi,* BRIX Kunstraum, Berlin
come in and find out 4, Podewil – Center for Contemporary Arts, Berlin*
BMA 2000. Positionen neuer Kunst aus Berlin, Neuer Aschaffenburger Kunstverein*
1999 *come in and find out, vol. 1. Positionen aktueller Kunst im Podewil,* Podewil, Berlin*
1998 *arkipelag – last house on the left,* Ferdinand Boberg's Power Station, Skansen*
art club berlin, Mies van der Rohe-Pavillon, Barcelona*
1996 *Der Fleck – in Geschichte und Gegenwart,* Galerie im Körnerpark, Berlin
1995 *Stützmappe,* Contemporary Fine Arts, Berlin
1993 *Malerei 2000,* Artfan Wien / Vienna, Hans Ulrich Kaspar Haus*; Dualer Pinsel im Sprinkenhof, Hamburg*; Malmö KM2, Rosengard*
1992 Lukas & Hoffmann, Berlin
1991 *Malerei Pur,* Galerie Prima Kunst e. V., Kiel*
1990 *Ceterum Censeo,* Künstlerhaus Bethanien, Berlin
1989 *Taller Internacional de Joves Artistes,* Ajuntament de Bellreguard, València
1984 *Experimentalfilme,* Arsenal, Berlin

BIBLIOGRAFIE (Auswahl) / **BIBLIOGRAPHY** (Selection)

2011 Ingo Arend, »Antimalerische Malerei. Das Ende der Gefühlsduselei«, in: *die tageszeitung,* 9. Mai / May 9, S. / p. 22
Matthias Bosenick, »Im Schloss: Gemalte Lügen von Joachim Grommek. Eröffnet: Wolfsburger stellt in Städtischer Galerie aus«, in: *Wolfsburger Allgemeine Zeitung,* 21. März / March 21, S. / p. 15
–, »Neue Ausstellung in der Städtischen Galerie im Schloss. ›Malerei 3000‹ – wahre Illusion in abstrakter Kunst«, in: *Wolfsburger Kurier,* 20. März / March 20, S. / p. 4
Sylvia Telge, »Die perfekte Täuschung im Schloss. Neu: Ausstellung des Wolfsburgers Joachim Grommek in Städtischer Galerie«, in: *Wolfsburger Allgemeine Zeitung,* 18. März / March 18, S. / p. 18
Hans Karweik, »Grommek malt den Trugschluss ein. Ausstellung des Malers in der Städtischen Galerie auf Schloss Wolfsburg – Sockel ohne Kunstwerke sind Kunst«, in: *Wolfsburger Nachrichten,* 18. März / March 18, S. / p. 19
Nadja Naumann, »Irritation und Neufindung der optischen Wahrnehmung. Joachim Grommek in der Städtischen Galerie Wolfsburg«, in: *kunst:art,* 18, März/April / March - April, S. / p. 23
Sven Drühl, »Neue Abstraktion in der aktuellen Malerei«, in: Sven Drühl (Hrsg. / ed.), *Neue Abstraktion (Kunstforum International,* Bd. / vol. 206), Januar/Februar / January - February, S. / pp. 34 f., 62
2010 »Brigitte Werneburg schaut sich in den Galerien von Berlin um«, in: *die tageszeitung,* 28. Juli / July 28, S. / p. 26
Barbara Glasner und / and Petra Schmidt (Hrsg. / eds.), *Chroma. Design, Architektur & Kunst in Farbe,* Basel, Boston und / and Berlin, S. / pp. 35, 46, 96, 167, 233, 312
Grit Weber, »Montabaur: Optical Shift«, in: *Kunstbulletin,* 9, S. / p. 55
Oliver Zybok, »Optical Shift. Von der Lust an Illusion und Täuschung«, in: *Optical Shift. Illusion und Täuschung,* hrsg. von / ed. by Oliver Zybok, Ausst.-Kat. / exh. cat. b-05, Kunst- und Kulturzentrum, Montabaur, Düsseldorf, o. S. / n. p.
2009 Birgit Möckel, »Modell und Wirklichkeit. Der Sockel als Aktionsraum«, in: *Das Fundament der Kunst. Die Skulptur und ihr Sockel in der Moderne,* Ausst.-Kat. / exh. cat. Städtische Museen Heilbronn; Gerhard-Marx-Haus, Bremen; Arp Museum Bahnhof Rolandseck, Remagen, Heidelberg, S. / pp. 129–145
Tobias Wall, »Joachim Grommek«, in: *Hommage an das Quadrat: Werke aus der Sammlung Marli Hoppe-Ritter,* Ausst.-Kat. / exh. cat. Museum Ritter, Waldenbuch, Heidelberg, S. / pp. 136 f.
2008 Willi Otremba, »Joachim Grommek«, in: *stretching a point,* hrsg. von / ed. by Willi Otremba, Ausst.-Kat. / exh. cat. Künstlerhaus Dortmund, Bönen/Westfalen, S. / pp. 118–121
–, »Feine Flunkereien auf Spanplatte«, in: *Der Standard,* 7. August / August 7, S. / p. 28
Andrea Knuth, »Joachim Grommek«, in: *Bilder von Pferden (Neue Reihe zur aktuellen Kunst* 38), Ausst.-Kat. / exh. cat. Stadtmuseum Oldenburg, Oldenburg, S. / pp. 41–44
Jürgen Schilling, »Von Pferden und Reitern - Ein (selektiver) Überblick«, in: *Bilder von Pferden (Neue Reihe zur aktuellen Kunst* 38), Ausst.-Kat. / exh. cat. Stadtmuseum Oldenburg, Oldenburg, S. / pp. 9–23
Thomas Wagner, »Jede Menge Kanonen oder Mal mir den Cha Cha Cha. Dreiundzwanzig mögliche Knotenpunkte der Sammlung Mondstudio«, in: *There is Desire Left (Knock, Knock). Werke aus der Sammlung Mondstudio,* Ausst.-Kat. / exh. cat. Kunstmuseum Bern; Museum Wiesbaden, S. / pp. 18–23, 122–127, 189
Sandra Prill, »Supermaterialismus. Joachim Grommeks obsessive Trompe-l'œil-Malerei bei artfinder«, in: *Szene Hamburg,* Januar / January, S. / p. 71
2007 –, »Kunstverein zeigt Grommek«, in: *Schwäbische Zeitung,* 5. November / November 5, o. S. / n. p.
–, »Joachim Grommek verführt zur optischen Täuschung«, in: *Schwäbische Zeitung,* 19. Oktober / October 19, o. S. / n. p.
Bettina Högner, »Ein Manifest der Malerei«, in: *Joachim Grommek,* Ausst.-Kat. / exh. cat. Kunstverein Ravensburg, o. S. / n. p.
Camille Beulque, »Joachim Grommek«, in: *De Gerhard Richter à Markus Sixay. Particules d'Histoire,* Ausst.-Zeitung / exh. journal LAAC, Lieu d'Art et Action contemporaine, Dunkerque, S. / p. 6
–, »Joachim Grommek«, in: *Applaus,* S. / p. 57
Johan Holten, »Ob ich das sehe«, in: *Ob ich das sehe,* Ausst.-Kat. / exh. cat. Heidelberger Kunstverein, Heidelberg, o. S. / n. p.
2006 Oliver Zybok, »Joachim Grommek. Serienformatierte Malerei«, in: *Grommek – Tilt,* Ausst.-Kat. / exh. cat. Kunstverein Springhornhof, Neuenkirchen, Berlin, o. S. / n. p.
Manuel Jennen, »Die eigenen Augen lügen gut«, in: *Münstersche Zeitung,* 1. Juni / June 1, o. S. / n. p.
2005 Peter Lang, »Joachim Grommek«, in: *Der Harz,* hrsg. von / ed. by Moritz Götze und / and Peter Lang, Ausst.-Kat. / exh. cat. Städtisches Museum Aschersleben, Aschersleben, S. / pp. 76–79
Michael J. Wewerka, »Joachim Grommek«, in: *A Second Sight. International Biennial of Contemporary Art,* Ausst.-Kat. Nationalgalerie Prag / exh. cat. National Gallery, Prague, S. / pp. 690 f.
Jens Asthoff, »Joachim Grommek in der Galerie artfinder«, in: *Kunstbulletin,* 1 / 2, S. / p. 44
Jens Asthoff, »Just an Illusion. Joachim Grommek pflegt die Kunst des multiplen Fake«, in: *Szene Hamburg,* Januar / January, S. / p. 65
2004 Peter Herbstreuth, »Sterne trinken«, in: *Der Tagesspiegel,* 30. Oktober / October 30, S. / p. 25

2004 Władysław Kaźmierczak, »Uwaga Berlin!«, in: *Uwaga Berlin!*, Ausst.-Kat. / exh. cat. Bałtycka Galeria Sztuki Współczesnej, Słupsk, o. S. / n. p.

2003 Peter Herbstreuth, »Joachim Grommeks diffizile Lectionen«, in: *Pictura Special*, Nr. 1 / no. 1, *seriously sexed up*, Ausst.-Kat. / exh. cat. Teekengenootschap Pictura, Dordrecht, o. S. / n. p.

Nicola Kuhn, »Was die Szene erwartet. ›subversiv, sexy, und stilvoll‹: Malerei in der Galerie Wewerka«, in: *Der Tagesspiegel*, 29. März / March 29, S. / p. 20

Brigitte Werneburg, »Der Schatten einer Palme im Winter«, in: *die tageszeitung*, 25. März / March 25, S. / p. 25

2001 Klara Wallner, »Ausgefranste Linien und andere Wunden«, in: *die tageszeitung*, 13. Februar / February 13, S. / p. 18

Stefan Heidenreich, »Pflummis springt auf diese Stadt! Chaos nach strengen Regeln: 26 Künstler zeigen Hartgummibälle in unterschiedlichem Kontext«, in: *Frankfurter Allgemeine Zeitung*, 2. Januar / January 2, S. / p. BS 3

2000 Kerstin Rottmann, »Die Festplatte ist voll. Die Schau ›come in and find out, vol. 4‹ zeigt, wie auch die ›hehre Malerei‹ Erlösung im Multimedialen sucht«, in: *Die Welt*, 21. September / September 21, S. / p. 21

Katrin Bettina Müller, »Ohne Legitimation. come in and find out, vol. 4 im Podewil widmet sich abstrakter Malerei«, in: *tip*, Nr. / no. 19, S. / pp. 80 f.

»Klara Wallner im Gespräch mit ihrer besten Freundin«, in: *come in and find out 4*, Ausst.-Kat. / exh. cat. Podewil – Center for Contemporary Arts, Berlin, o. S. / n. p.

Klara Wallner, »deepXess – aus dem Tagebuch eines Ausstellungsmachers«, in: *BMA 2000. Positionen neuer Kunst aus Berlin*, hrsg. von / ed. by Markus Wirthmann, Ausst.-Kat. / exh. cat. Neuer Aschaffenburger Kunstverein, Berlin, S. / pp. 67–77

1999 »Klara Wallner im Gespräch mit ihrer besten Freundin«, in: *come in and find out, vol. 1. Positionen aktueller Kunst im Podewil*, hrsg. von / ed. by Klara Wallner, Ausst.-Kat. / exh. cat. Podewil, Berlin, S. / pp. 4–25

1998 Montse Frisach, »La creació videogràfica berlinesa, en una mostra interactiva. L'exposició, que té lloc al Palau Mies van der Rohe, forma part del festival Berlín a Barcelona«, in: *AVUI*, 2. Juli / July 2, S. / p. 28

1997 Katja Reissner, »Reste der Anatomie. Michael Tighe und Joachim Grommek in der Museumsakademie«, in: *Der Tagesspiegel*, 19. April / April 19, S. / p. 19

Harald Fricke, »Jetzt kommt der Kater. Kunst in Berlin jetzt: Michael Tighe / Joachim Grommek, Fotografie und Malerei aus Georgien, Béatrice Stähli«, in: *die tageszeitung*, 13. April / April 13, S. / p. 18

Christopher Phillips, »Berlin '97: Surge to the Mitte«, in: *Art in America*, Januar / January, S. / pp. 54–63

1996 Anja Oßwald, »Apollo oder: Die Distanz (in) der Malerei. Zeitgenössische Malerei in der ›museumsakademie berlin‹«, in: *neue bildende kunst. Zeitschrift für Kunst und Kritik*, 5/96, Oktober/November / October–November, S. / p. 114

ri, »Geschwollene Viren und Coca-Cola hinter Glas. Doppelausstellung in der Galerie Ludwig«, in: *Rheinische Post*, 23. Januar / January 23, S. / p. 8

1994 Harald Fricke, »Joachim Grommek – Flecken«, in: *die tageszeitung*, 19. November / November 19, S. / p. 16

Beate Epperlein, »Buttermilch, Coca Cola, Joghurt …«, in: *Zitty*, Nr. / no. 24, S. / p. 28

Isa Greschat, »Da reibt man sich die Augen: Wohnzimmer als Galerie«, in: *Münstersche Zeitung*, 5. Oktober / October 5, S. / p. 8

»Sich als echt erweisende Malerei. Ein Interview mit Joachim Grommek von Damien Hirst«, in: *Joachim Grommek – Flecken*, Ausst.-Kat. / exh. cat. Galerie Michael Haas, Berlin, o. S. / n. p.

1993 –, »Joachim Grommek«, in: *Malerei 2000*, Ausst.-Kat. / exh. cat. Artfan Wien / Vienna, Hans Ulrich Kaspar Haus; Dualer Pinsel im Sprinkenhof, Hamburg; Malmö KM2, Rosengard, Hamburg, o. S. / n. p.

1992 Hans-Andreas Nitzsche, »Nichts als Farbe. Grommek-Malerei in der Galerie Ludwig«, in: *Rheinische Post*, 17. September / September 17, S. / p. 15

ipa, »Der Kraft der Farben trauen, Bilder von Joachim Grommek in der Galerie von Georg-W. Ludwig«, in: *Westdeutsche Zeitung*, 12. September / September 12, S. / p. 16

Ulrich Traub, »Galeristen über Andrang erfreut. Erfolg für ›Kunst in Krefeld‹. Spaziergang von Nord nach Süd durch die Stadt«, in: *Westdeutsche Zeitung*, 7. September / September 7, S. / p. 11

1991 kar, »Prima Kunst: Monochromes im mittelgroßen Quadrat«, in: *Kieler Nachrichten*, 15. Mai / May 15, o. S. / n. p.

Reinhard Ermen, »Vom redenden Schweigen der Bilder. Sechs Farbmaler im Dialog«, in: *Malerei pur*, hrsg. von / ed. by Gesellschaft für akustische Lebenshilfe, Ausst.-Kat. / exh. cat. Galerie Prima Kunst e. V., Kiel, S. / pp. 19–25, 32–35

1989 Adela Salguero, »Un retiro para la vanguardia. Treinta jóvenes artistas europeos montan en Bellreguard un taller de creatión«, in: *Levante*, 26. März / March 26, S. / p. 55

Román de la Calle, »Reflexions al voltant d'una experiència«, in: *Taller Internacional de Joves Artistes*, Ausst.-Kat. Ajuntament de Bellreguard, València, S. / pp. 9–14

Thomas Wulffen, »Joachim Grommek – Zwinger, Berlin«, in: *Flash Art*, 145, März / April / March – April, S. / pp. 119 f.

1988 Vogel, »Wand & Boden. Grommek bei Zwinger und Schepers bei Raab«, in: *die tageszeitung*, 19. Oktober / October 19, S. / p. 14

1986 L. Z., »Galerie Kornbrennerei: Muscheln und Mondschein«, in: *Hannoversche Allgemeine Zeitung*, 29. Oktober / October 29, o. S. / n. p.

1985 –, »Joachim Grommek«, in: *Filmtage in Salzgitter 1 – Wettbewerb Niedersächsischer Produktion. 11.–13. Okt.*, Braunschweig, o. S. / n. p.

1984 –, »Joachim Grommek«, in: *Profile, Impulse 2. Niedersächsische Künstlerstipendiaten 1982 bis 1984 – Bildende Kunst, Musik, Literatur*, Ausst.-Kat. / exh. cat. Herzog Anton Ulrich-Museum, Braunschweig, Hannover, S. / pp. 26–29

1981 Joachim Grommek, »Zu meinen Arbeiten«, in: *Grenz-Situation. Künstlerischer Wettbewerb des Landkreises Gifhorn in Wittingen*, Ausst.-Kat. / exh. cat. Niedersächsische Landesvertretung, Bonn; Niedersächsischer Landtag, Hannover; u. a. / et al., Gifhorn, o. S. / n. p.

AUSSTELLUNGSKATALOGE / EXHIBITION CATALOGUES

Optical Shift. Illusion und Täuschung, hrsg. von / ed. by Oliver Zybok, b-05, Kunst- und Kulturzentrum, Montabaur, Düsseldorf 2010

Das Fundament der Kunst. Die Skulptur und ihr Sockel in der Moderne, Städtische Museen Heilbronn; Gerhard-Marx-Haus, Bremen; Arp Museum Bahnhof Rolandseck, Remagen, Heidelberg 2009

Hommage an das Quadrat: Werke aus der Sammlung Marli Hoppe-Ritter, Museum Ritter, Waldenbuch, Heidelberg 2009

stretching a point, hrsg. von / ed. by Willi Otremba, Künstlerhaus Dortmund, Bönen/Westfalen 2008

Bilder von Pferden (Neue Reihe zur aktuellen Kunst 38), Stadtmuseum Oldenburg, Oldenburg 2008

There is Desire Left (Knock, Knock). Werke aus der Sammlung Mondstudio, Kunstmuseum Bern; Museum Wiesbaden 2008

Joachim Grommek, Kunstverein Ravensburg 2007

Ob ich das sehe, Heidelberger Kunstverein, Heidelberg 2007

Grommek – Tilt, Kunstverein Springhornhof, Neuenkirchen, Berlin 2006

Checkpoint Charley, hrsg. von / ed. by Maurizio Cattelan, Massimiliano Gioni und / and Ali Subotnick, 4. Berlin Biennale für zeitgenössische Kunst »Von Mäusen und Menschen«, Berlin 2006

Goethe abwärts. Deutsche Jungs etc. – The Falckenberg Collection, hrsg. von / ed. by Oliver Zybok, Helsingin kaupungin taidemuseo, Taidemuseo Meilahti; Mönchehaus Museum für moderne Kunst, Goslar, Mülheim 2005

Der Harz, hrsg. von / ed. by Moritze Götze und / and Peter Lang, Städtisches Museum Aschersleben, Aschersleben 2005

A Second Sight. International Biennial of Contemporary Art, Nationalgalerie Prag / National Gallery, Prague 2005

Welt ohne Gegenstände, glue, Berlin, Berlin 2004

Uwaga Berlin!, Bałtycka Galeria Sztuki Współczesnej, Słupsk 2004

it is a small world. crac alsace catalogue 2002 › 2003, hrsg. von / ed. by Hilde Teerlinck, Barcelona 2004

Pictura Special, Nr. / no. 1 *seriously sexed up,* Teekengenootschap Pictura, Dordrecht 2003

come in and find out 4, Podewil – Center for Contemporary Arts, Berlin 2000

BMA 2000. Positionen neuer Kunst aus Berlin, hrsg. von / ed. by Markus Wirthmann, Neuer Aschaffenburger Kunstverein, Berlin 2000

come in and find out, vol. 1. Positionen aktueller Kunst im Podewil, hrsg. von / ed. by Klara Wallner, Podewil, Berlin 1999

arkipelag, Ferdinand Boberg's Power Station, Skansen; u. a. / et al., Stockholm 1998

Joachim Grommek – Flecken, Galerie Michael Haas, Berlin 1994

Malerei 2000, Artfan Wien, Hans Ulrich Kaspar Haus; Dualer Pinsel im Sprinkenhof, Hamburg; Malmö KM2, Rosengard, Hamburg 1993

Joachim Grommek, Galerie Ludwig, Krefeld 1992

Malerei pur, hrsg. von / ed. by Gesellschaft für akustische Lebenshilfe, Galerie Prima Kunst e. V., Kiel 1991

Taller Internacional de Joves Artistes, Ajuntament de Bellreguard, València 1989

Filmtage in Salzgitter 1 – Wettbewerb Niedersächsischer Produktion. 11.–13. Okt., Braunschweig 1985

Profile, Impulse 2. Niedersächsische Künstlerstipendiaten 1982 bis 1984 – Bildende Kunst, Musik, Literatur, Herzog Anton Ulrich-Museum, Braunschweig, Hannover 1984

Grenz-Situation. Künstlerischer Wettbewerb des Landkreises Gifhorn in Wittingen, Niedersächsische Landesvertretung, Bonn; Niedersächsischer Landtag, Hannover; u. a. / et al., Gifhorn 1981

ABBILDUNGSVERZEICHNIS / LIST OF WORKS

42 *o. T. / Untitled # 141*, 2010, Lack, Acryl, Öl, Grundierung auf Spanplatte / Lacquer, acrylic, oil, primer on chipboard, 50 × 50 cm, Courtesy rahncontemporary, Zürich / Zurich

42 *o. T. / Untitled # 155*, 2010 / 11, Lack, Acryl, Öl, Grundierung auf Spanplatte / Lacquer, acrylic, oil, primer on chipboard, 50 × 50 cm, Courtesy Vous Etes Ici, Amsterdam

43 *o. T. / Untitled # 119*, 2008, Lack, Acryl, Öl, Grundierung auf Spanplatte / Lacquer, acrylic, oil, primer on chipboard, 50 × 50 cm, Privatbesitz / Privately owned, Berlin

43 *o. T. / Untitled # 154*, 2010 / 11, Lack, Acryl, Öl, Grundierung auf Spanplatte / Lacquer, acrylic, oil, primer on chipboard, 50 × 50 cm, Courtesy Vous Etes Ici, Amsterdam

43 *o. T. / Untitled # 150*, 2010 / 11, Lack, Acryl, Öl, Grundierung auf Spanplatte / Lacquer, acrylic, oil, primer on chipboard, 50 × 50 cm, Courtesy rahncontemporary, Zürich / Zurich

43 *o. T. / Untitled # 136*, 2010, Lack, Acryl, Öl, Grundierung auf Spanplatte / Lacquer, acrylic, oil, primer on chipboard, 50 × 50 cm, Courtesy rahncontemporary, Zürich / Zurich

44 *o. T. / Untitled # 130 (Polaroid V)*, 2009, Lack, Acryl, Öl, Grundierung auf Spanplatte / Lacquer, acrylic, oil, primer on chipboard, 50 × 50 cm, Privatsammlung / Private collection, Frankfurt am Main

44 *o. T. / Untitled # 140*, 2010, Lack, Acryl, Öl, Grundierung auf Spanplatte / Lacquer, acrylic, oil, primer on chipboard, 50 × 50 cm, Courtesy rahncontemporary, Zürich / Zurich

44 *o. T. / Untitled # 123*, 2009, Lack, Acryl, Öl, Grundierung auf Spanplatte / Lacquer, acrylic, oil, primer on chipboard, 50 × 50 cm, Courtesy rahncontemporary, Zürich / Zurich

44 *o. T. / Untitled # 151*, 2010 / 11, Lack, Acryl, Öl, Grundierung auf Spanplatte / Lacquer, acrylic, oil, primer on chipboard, 50 × 50 cm, Courtesy rahncontemporary, Zürich / Zurich

45 *o. T. / Untitled # 153*, 2010 / 11, Lack, Acryl, Öl, Grundierung auf Spanplatte / Lacquer, acrylic, oil, primer on chipboard, 50 × 50 cm, Courtesy rahncontemporary, Zürich / Zurich

45 *o. T. / Untitled # 152*, 2010 / 11, Lack, Acryl, Öl, Grundierung auf Spanplatte / Lacquer, acrylic, oil, primer on chipboard, 50 × 50 cm, Courtesy Vous Etes Ici, Amsterdam

46 *o. T. / Untitled*, 2001, Lack, Öl, Grundierung auf Multiplex, Eisen (verchromt) / Lacquer, oil, primer on multiplex plywood, iron (chrome-plated), 75 × 43 × 43 cm, Courtesy Vous Etes Ici, Amsterdam

47 *Rasselbande*, 2002, Öl, Grundierung auf Spanplatte, Wolle, Kunstpelz / Oil, primer on chipboard, wool, fake fur, Maße variabel / Dimensions variable, Courtesy rahncontemporary, Zürich / Zurich

48 *o. T. / Untitled*, 2000, Grafit, Öl, Grundierung auf Spanplatte / Graphite, oil, primer on chipboard, 60 × 50 cm, Courtesy Vous Etes Ici, Amsterdam

48 *o. T. / Untitled*, 2001, Öl, Grundierung auf Spanplatte, Skateboard / Oil, primer on chipboard, skateboard, 12 × 73 × 25 cm, Courtesy Vous Etes Ici, Amsterdam

48 *Video I*, 2002, Öl, Grundierung auf Spanplatte, Schrauben / Oil, primer on chipboard, screws, 103 × 60 × 50 cm, Courtesy Vous Etes Ici, Amsterdam

49 *sitting, waiting, wishing*, 2004, Lack, Öl, Grundierung auf Spanplatte, Schrauben / Lacquer, oil, primer on chipboard, screws, 45,5 × 200 × 50 cm, Courtesy Vous Etes Ici, Amsterdam

49 *o. T. / Untitled*, 2006, Dispersion, Öl, Grundierung auf Spanplatte / Latex, oil, primer on chipboard, 23 × 80 × 80 cm, Courtesy rahncontemporary, Zürich / Zurich

50 / 51 *o. T. / Untitled*, 2000 / 2008, Öl, Grundierung auf Spanplatte, diverse Materialien / Oil, primer on chipboard, various materials, Maße variabel / Dimensions variable, Courtesy rahncontemporary, Zürich / Zurich

54 *o. T. / Untitled*, 2011, Lack auf Aluminium / Lacquer on aluminum, 150 × 112,5 cm, Courtesy Vous Etes Ici, Amsterdam

55 *o. T. / Untitled*, 2011, Lack auf Aluminium / Lacquer on aluminum, 150 × 112,5 cm, Courtesy Vous Etes Ici, Amsterdam

56 / 57 *Cowboygirl*, 2011, Dispersion, Öl, Grundierung auf Spanplatte / Latex, oil, primer on chipboard, 110 × 210 × 90 cm, Courtesy rahncontemporary, Zürich / Zurich

58 *o. T. / Untitled*, 2010, Lack auf Aluminium / Lacquer on aluminum, 100 × 75 cm, Courtesy rahncontemporary, Zürich / Zurich

59 *o. T. / Untitled*, 2011, Lack auf Aluminium / Lacquer on aluminum, 100 × 75 cm, Courtesy rahncontemporary, Zürich / Zurich

60 *o. T. / Untitled*, 2011, Lack auf Aluminium / Lacquer on aluminum, 100 × 75 cm, Courtesy rahncontemporary, Zürich / Zurich

61 *o. T. / Untitled*, 2011, Lack auf Aluminium / Lacquer on aluminum, 100 × 75 cm, Courtesy rahncontemporary, Zürich / Zurich

62 *o. T. / Untitled*, 2011, Lack auf Aluminium / Lacquer on aluminum, 65 × 50 cm, Courtesy artfinder Galerie | Mathias Güntner, Hamburg

62 *o. T. / Untitled*, 2011, Lack auf Aluminium / Lacquer on aluminum, 65 × 50 cm, Courtesy rahncontemporary, Zürich / Zurich

62 *o. T. / Untitled*, 2011, Lack auf Aluminium / Lacquer on aluminum, 65 × 50 cm, Courtesy rahncontemporary, Zürich / Zurich

63 *o. T. / Untitled*, 2011, Lack auf Aluminium / Lacquer on aluminum, 65 × 50 cm, Courtesy rahncontemporary, Zürich / Zurich

63 *o. T. / Untitled*, 2011, Lack auf Aluminium / Lacquer on aluminum, 65 × 50 cm, Courtesy Vous Etes Ici, Amsterdam

63 *o. T. / Untitled*, 2010, Lack auf Aluminium / Lacquer on aluminum, 65 × 50 cm, Courtesy Vous Etes Ici, Amsterdam

64 *o. T. / Untitled*, 2011, Lack auf Aluminium / Lacquer on aluminum, 65 × 50 cm, Courtesy rahncontemporary, Zürich / Zurich

65 *o. T. / Untitled*, 2011, Lack auf Aluminium / Lacquer on aluminum, 65 × 50 cm, Courtesy rahncontemporary, Zürich / Zurich

66 *o. T. / Untitled*, 2011, Lack auf Aluminium / Lacquer on aluminum, 65 × 50 cm, Courtesy artfinder Galerie | Mathias Güntner, Hamburg

66 *o. T. / Untitled*, 2011, Lack auf Aluminium / Lacquer on aluminum, 65 × 50 cm, Courtesy artfinder Galerie | Mathias Güntner, Hamburg

66 *o. T. / Untitled*, 2011, Lack auf Aluminium / Lacquer on aluminum, 65 × 50 cm, Courtesy artfinder Galerie | Mathias Güntner, Hamburg

66 *o. T. / Untitled*, 2011, Lack auf Aluminium / Lacquer on aluminum, 65 × 50 cm, Courtesy artfinder Galerie | Mathias Güntner, Hamburg

67 *o. T. / Untitled*, 2011, Lack auf Aluminium / Lacquer on aluminum, 65 × 50 cm, Courtesy artfinder Galerie | Mathias Güntner, Hamburg

67 *o. T. / Untitled*, 2011, Lack auf Aluminium / Lacquer on aluminum, 65 × 50 cm, Privatsammlung / Private collection

67 *o. T. / Untitled*, 2011, Lack auf Aluminium / Lacquer on aluminum, 65 × 50 cm, Centraal Museum, Utrecht

67 *o. T. / Untitled*, 2011, Lack auf Aluminium / Lacquer on aluminum, 65 × 50 cm, Sammlung KVL / KVL Collection, Amsterdam

68 *never know*, 2005, Edition 3 + 1, Öl, Grundierung auf Spanplatte, Eisen (lackiert) / Oil, primer on chipboard, iron (painted), 21,5 × 44 × 30 cm, Courtesy Vous Etes Ici, Amsterdam, artfinder Galerie | Mathias Güntner, Hamburg, rahncontemporary, Zürich / Zurich

77 *Schier*, 2003 / 2011, Öl, Grundierung auf Spanplatte / Oil, primer on chipboard, 2-teilig / 2 parts, Maße variabel / Dimensions variable, Courtesy rahncontemporary, Zürich / Zurich

83 *o. T. / Untitled*, 2007, Lack, Acryl, Öl, Grundierung auf Spanplatte / Lacquer, acrylic, oil, primer on chipboard, 60 × 60 cm, Privatbesitz / Privately owned

89 *Okay*, 2006, Lack, Acryl, Öl, Grundierung auf Spanplatte / Lacquer, acrylic, oil, primer on chipboard, 30 × 40 cm, Privatsammlung, Niederlande / Private collection, Netherlands

90 *Francis*, 2006, Lack, Acryl, Öl, Grundierung auf Spanplatte / Lacquer, acrylic, oil, primer on chipboard, 120 × 90 cm, Privatsammlung, Niederlande / Private collection, Netherlands

91 *P. A. without mirror*, 2006, Lack, Acryl, Öl, Grundierung auf Spanplatte / Lacquer, acrylic, oil, primer on chipboard, 120 × 90 cm, Privatsammlung, Großbritannien / Private collection, Great Britain

92 *o. T. / Untitled*, 2008, Lack, Acryl, Öl, Grundierung auf Spanplatte / Lacquer, acrylic, oil, primer on chipboard, 75 × 75 cm, Privatsammlung / Private collection, Hamburg

93 *o. T. / Untitled*, 2007, Lack, Acryl, Öl, Grundierung auf Spanplatte / Lacquer, acrylic, oil, primer on chipboard, 70 × 65 cm, Sammlung HSH Nordbank / HSH Nordbank Collection, Hamburg

94/95 *o. T. / Untitled*, 2007, Dispersion auf Wand / Latex on wall, Maße variabel / Dimensions variable, Courtesy artfinder Galerie | Mathias Güntner, Hamburg

96/97 *o. T. / Untitled*, 2007, 6-teilig / 6 parts, Acryl, Öl, Grundierung auf Spanplatte / Acrylic, oil, primer on chipboard, je / each 65 × 50 cm, Courtesy artfinder Galerie | Mathias Güntner, Hamburg

98/99 *snoopy*, 2007, 6-teilig / 6 parts, Lack, Acryl, Öl, Grundierung auf Spanplatte / Lacquer, acrylic, oil, primer on chipboard je / each 30 × 27 cm, Courtesy Vous Etes Ici, Amsterdam

100 *o. T. / Untitled*, 2000/2003, Öl, Grundierung auf Spanplatten, diverse Materialien / Oil, primer on chipboards, various materials, Maße variabel / Dimensions variable, Courtesy artfinder Galerie | Mathias Güntner, Hamburg

101 *o. T. / Untitled # 106*, 2008, Lack, Acryl, Öl, Grundierung auf Spanplatte / Lacquer, acrylic, oil, primer on chipboard, 50 × 50 cm, Privatbesitz / Privately owned, Berlin

102 *o. T. / Untitled # 86*, 2006, Lack, Acryl, Öl, Grundierung auf kunststoffbeschichteter Spanplatte (weiß) / Lacquer, acrylic, oil, primer on plastic-coated chipboard (white), 50 × 50 cm, Zeko Collection, New York

102 *o. T. / Untitled # 122*, 2009, Lack, Acryl, Öl, Grundierung auf Spanplatte / Lacquer, acrylic, oil, primer on chipboard, 50 × 50 cm, Sammlung Kienbaum, Köln / Kienbaum Collection, Cologne

103 *o. T. / Untitled # 100*, 2007, Lack, Acryl, Öl, Grundierung auf Spanplatte / Lacquer, acrylic, oil, primer on chipboard, 50 × 50 cm, Privatsammlung, München / Private collection, Munich

103 *o. T. / Untitled # 88 (rattle snake)*, 2006, Lack, Acryl, Öl, Grundierung auf kunststoffbeschichteter Spanplatte / Lacquer, acrylic, oil, primer on plastic-coated chipboard, 50 × 50 cm, Privatsammlung, Niederlande / Private collection, Netherlands

104 *o. T. / Untitled # 125*, 2009, Lack, Acryl, Öl, Grundierung auf Spanplatte / Lacquer, acrylic, oil, primer on chipboard, 50 × 50 cm, Privatsammlung, Wien / Private collection, Vienna

104 *o. T. / Untitled # 85*, 2006, Lack, Acryl, Öl, Grundierung auf kunststoffbeschichteter Spanplatte / Lacquer, acrylic, oil, primer on plastic coated chipboard, 50 × 50 cm, Privatbesitz / Privately owned, Berlin

105 *o. T. / Untitled # 52*, 2005, Lack, Acryl, Öl, Grundierung auf kunststoffbeschichteter Spanplatte (weiß) / Lacquer, acrylic, oil, primer on plastic-coated chipboard (white), 50 × 50 cm, Privatsammlung, Köln / Private collection, Cologne

105 *o. T. / Untitled # 24*, 2004, Lack, Acryl, Öl, Grundierung auf kunststoffbeschichteter Spanplatte (weiß) / Lacquer, acrylic, oil, primer on plastic-coated chipboard (white), 50 × 50 cm, Privatsammlung, Niederlande / Private collection, Netherlands

106 *o. T. / Untitled # 10*, 2002/03, Lack, Acryl, Öl, Grundierung auf kunststoffbeschichteter Spanplatte (weiß) / Lacquer, acrylic, oil, primer on plastic-coated chipboard (white), 50 × 50 cm, Privatbesitz / Privately owned, Berlin

106 *o. T. / Untitled # 79*, 2006, Lack, Acryl, Öl, Grundierung auf kunststoffbeschichteter Spanplatte (weiß) / Lacquer, acrylic, oil, primer on plastic-coated chipboard (white), 50 × 50 cm, Privatsammlung, Niederlande / Private collection, Netherlands

107 *o. T. / Untitled # 109*, 2008, Lack, Acryl, Öl, Grundierung auf Spanplatte / Lacquer, acrylic, oil, primer on chipboard, 50 × 50 cm, Sammlung Sigrid und Franz Wojda, Wien / Sigrid and Franz Wojda Collection, Vienna

107 *o. T. / Untitled # 90*, 2006, Lack, Acryl, Öl, Grundierung auf kunststoffbeschichteter Spanplatte (weiß) / Lacquer, acrylic, oil, primer on plastic-coated chipboard (white), 50 × 50 cm, Courtesy Vous Etes Ici, Amsterdam

108 *o. T. / Untitled # 107*, 2008, Lack, Acryl, Öl, Grundierung auf Spanplatte / Lacquer, acrylic, oil, primer on chipboard, 50 × 50 cm, Courtesy rahncontemporary, Zürich / Zurich

108 *o. T. / Untitled # 99*, 2007, Lack, Acryl, Öl, Grundierung auf Spanplatte / Lacquer, acrylic, oil, primer on chipboard, 50 × 50 cm, Privatsammlung, München / Private collection, Munich

109 *o. T. / Untitled # 95*, 2007, Lack, Acryl, Öl, Grundierung auf Spanplatte / Lacquer, acrylic, oil, primer on chipboard, 50 × 50 cm, Privatsammlung, München / Private collection, Munich

109 *o. T. / Untitled # 97*, 2007, Lack, Acryl, Öl, Grundierung auf Spanplatte / Lacquer, acrylic, oil, primer on chipboard, 50 × 50 cm, Privatsammlung, München / Private collection, Munich

110 *o. T. / Untitled # 118 (Polaroid III)*, 2008, Lack, Acryl, Öl, Grundierung auf Spanplatte / Lacquer, acrylic, oil, primer on chipboard, 50 × 50 cm, Sammlung Manfred P. Herrmann / Manfred P. Herrmann Collection, Berlin

110 *o. T. / Untitled # 114*, 2008, Lack, Acryl, Öl, Grundierung auf Spanplatte / Lacquer, acrylic, oil, primer on chipboard, 50 × 50 cm, Privatsammlung, Niederlande / Private collection, Netherlands

111 *o. T. / Untitled # 149*, 2010/11, Lack, Acryl, Öl, Grundierung auf Spanplatte / Lacquer, acrylic, oil, primer on chipboard, 50 × 50 cm, Courtesy rahncontemporary, Zürich / Zurich

111 *o. T. / Untitled # 1*, 2001/02, Lack, Acryl, Öl, Grundierung auf kunststoffbeschichteter Spanplatte (weiß) / Lacquer, acrylic, oil, primer on plastic-coated chipboard (white), 50 × 50 cm, Sammlung Falckenberg / Falckenberg Collection, Hamburg

112/113 *o. T. / Untitled (my brain)*, 2002/2010, Lack, Acryl, Öl, Grundierung auf Spanplatte / Lacquer, acrylic, oil, primer on chipboard, 10-teilig / 10 parts, 275 × 314 cm, Courtesy Vous Etes Ici, Amsterdam

120 *o. T. / Untitled*, 2010, Lack auf Aluminium / Lacquer on aluminum, 65 × 50 cm, Privatsammlung / Private collection

UMSCHLAGABBILDUNG VORNE / FRONT COVER ILLUSTRATION
o. T. / Untitled # 103, 2008, Lack, Acryl, Öl, Grundierung auf Spanplatte / Lacquer, acrylic, oil, primer on chipboard, 50 x 50 cm, Zeko Collection, New York

UMSCHLAGABBILDUNG HINTEN / BACK COVER ILLUSTRATION
o. T. / Untitled, 2011, Filzstift, Lack auf Wand / Felt-tip pen, lacquer on wall, Maße variabel / Dimensions variable, Privatsammlung / Private collection

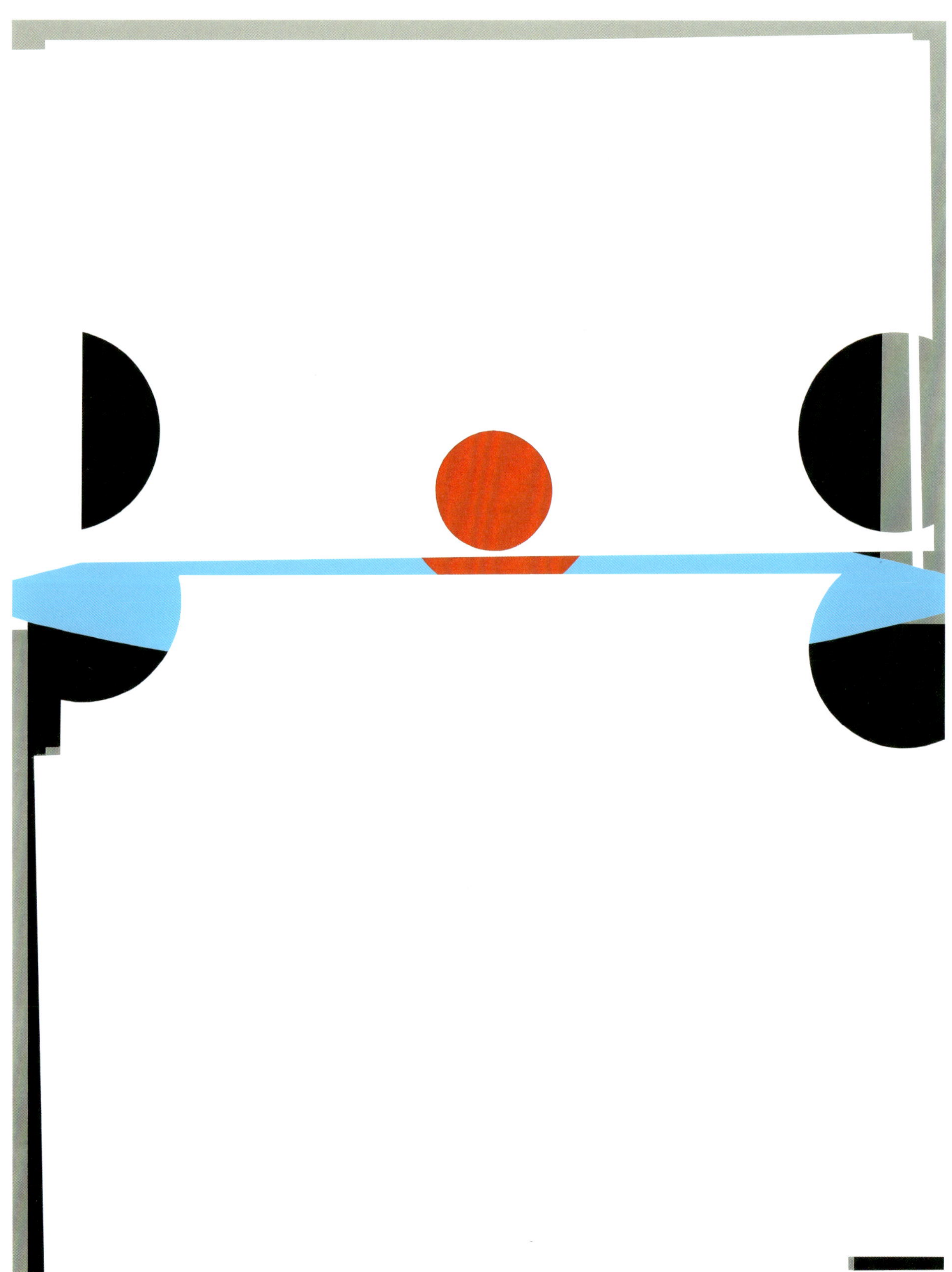